主権者教育を始めよう

これからの社会科・公民科・探究の授業づくり

川原茂雄／山本政俊／池田考司

編著

明石書店

はじめに

2015年に選挙権年齢が18歳に引き下げられ、にわかに「主権者教育を！」の声が文科省や自民党、メディアなどの各方面から聞こえてきました。ブームのように「主権者教育」に関する本が何冊も出版されたりしましたが、あれから日本の学校現場において「主権者教育」への取り組みは広がり、定着していったのでしょうか。

そもそも「主権者教育」は、上から「やりなさい」と言われてやるものではなく、またブームに乗ってやるものでもありません。日本国憲法と教育基本法に基づいた戦後教育の中で、現場の教師たちが、児童・生徒たちを「平和的で民主的な国家・社会の形成者」としての「主権者」に育てようとして取り組んできたのが「主権者教育」なのです。世界で、そして日本で、いま平和と民主主義が危機的な状況になっています。いまこそ「主権者教育」に私たちはしっかりと取り組むべきではないでしょうか。

2022年度からは「公共」や「総合的な探究の時間」も始まり、主体的で対話的な深い学びを志向する「学び方の転換」がすすめられる中で、上から言われる、またブームに乗った「主権者教育」ではない、教師と生徒の主体的な取り組みによる「私たちの主権者教育」を始めなければなりません。

本書では、『主権者教育を始めよう』と題して、学校現場での「主権者教育」の実践に広く取り組んでもらうことを目的として、学校の先生方や、これから教師になろうとする学生たちを主たる読者として想定しています。それだけでなく「主権者教育」に興味・関心のある多くの市民の皆さんにも読んでいただきたいと思っています。

そのために本書では3部構成として、第1部では「主権者教育とは何か（理論・本質篇）」として、「主権者教育」を理論的かつ実践的に考えていき、その本質について、それは上から決めて降ろされるようなものではなく、学校現場での教師の実践と生徒たちとの関わりの中から形成されていくものであることを明らかにしていきます。そして第2部では「主権者教育の授業実践（実践

篇）」として、実際に学校現場で行われた「主権者教育」の授業実践の取り組みを紹介し、第3部では「主権者教育をやろう（提起篇）」として、「主権者教育」の多様な実践の可能性を明らかにし提起していきたいと思います。

　この本の編著者である川原・山本・池田の3人は、いずれも1980年代から北海道の高校の社会科の教師として授業実践に取り組んできた者です。それぞれ個性が異なる3人ですが、共通して生徒たちを「主権者」として育てていこうとする教育実践に取り組んできました。また3人とも民間教育研究活動や組合の教育研究活動などに関わりながら、お互いの教育実践・研究活動の交流や研鑽につとめてきました。

　この本では、3人の「主権者教育」についての論考や実践を中心にしながら、さらに多様な実践や論点を明らかにするために6人の先生方に執筆の協力をお願いしました。ほとんどの先生方が民間教育運動への関わりがあるとともに、北海道在住であるという共通点があります。このことは、他の「主権者本」とはまた違った観点からの独自性と独創性をもたらしていると思います。

　戦後日本の教育の中で取り組まれてきた「主権者教育」の遺産を継承しながらも、フィールドワークや対話・討論の授業、SDGs教育、さらにデジタル・シティズンシップ教育など、これからの新しい時代の「主権者教育」を創造するための視点も提起していると思います。

　是非とも、多くの皆さんに手に取って読んでいただき、「主権者教育」について考え、その実践に取り組んでいただきたいと思っています。

川原茂雄・山本政俊・池田考司

もくじ　主権者教育を始めよう

第1部

理論・本質篇

主権者教育とは何か

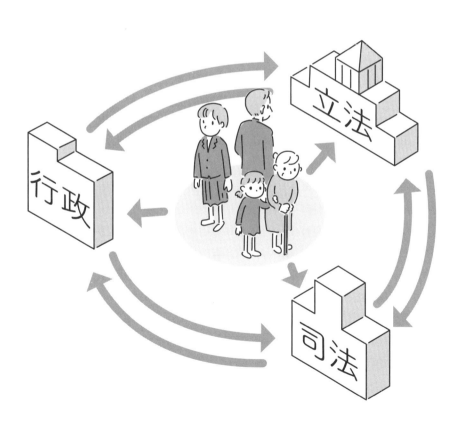

第1章
主権者教育とは何か

川原　茂雄

1. 主権者教育とは何か

　この本は『主権者教育を始めよう』というタイトルですが、本を手に取って読み始めているのは、学校現場で教師をやられている方々でしょうか、それとも将来学校の教師になろうとして教職課程を学ばれている学生でしょうか。あるいは一市民として主権者教育に興味・関心があるという方々でしょうか。さて、みなさんは主権者教育について、いったいどのようなイメージを持たれているのでしょうか。

　2015年の6月、公職選挙法の改正によって18歳選挙権が実現した前後から、「学校で主権者教育を！」の声が盛り上がり、教育界だけでなく、メディアを含めて「主権者教育ばやり」となり、各種の主権者教育に関する本も多数出版されました。あれから8年以上たった今、学校現場での主権者教育はどうなっているのでしょうか。

　2016年の参議院選挙では10歳代の投票率は45.45％でしたが、その後の国政選挙では下がり続け、2022年の参議院選挙では34.49％でした。その選挙の時の20代の投票率は最低レベルの30.96％であり、年齢が上がるにつれて下がっていく傾向がみられました。

　しかし、ここで最初に言っておきたいのは、主権者教育とは、子ども（児童・生徒）たちが18歳になった時に、選挙に行って投票するようにするための教育でも、若者（大人）たちの投票率を上げることだけを主たる目的とする教育でもないということです。

　では、いったい主権者教育とは、どのようなことをめざす教育なのでしょう

か。子ども（児童・生徒）たちを主権者に育てようとする教育なのでしょうか。子ども（児童・生徒）たちに主権者になるために必要なことを教えようとする教育なのでしょうか。子ども（児童・生徒）たちに主権者として必要な力（知識や能力）を身に付けさせようとする教育なのでしょうか。そして、主権者教育とは、誰が、誰に対して、いつどこで、どのようにして行う教育なのでしょうか。

　現場の教師たちからは、主権者教育について、それは大事なことだと思うけれど、とても忙しくて（他にやらなければならないことがあって）なかなか取り組むことができない、あるいは、どのように主権者教育に取り組んでいけばよいのかわからない、という声を聞くことがあります。

　しかし、主権者教育は、やりたいと思う人だけが、あるいは、やれる余裕がある人だけが取り組めばよいというような「特別な教育」ではありません。主権者教育は、日本の公教育（学校教育）においては、必ず「**やらなければならない教育**」なのです。

2.　主権者とは誰のことか

　ここで問題なのは、主権者教育という時の「**主権者**」とは、いったい誰のことなのかということです。

　あらためて言うまでもなく、日本国憲法の前文には「主権が国民に存する」と書かれています。このことから「主権は国民にある＝国民主権」と言われ、日本国憲法の三大原理のひとつとされて、主権者は国民であるといわれています。

　「主権」とは、一般的には、「その国の政治のあり方を最終的に決定する権利（権力）」であるとされています。大日本帝国憲法（明治憲法）では主権は天皇個人が持っているとされ、「天皇主権」となっていました。

　これが、日本国憲法では「国民主権」となったのですが、現実的には国民一人ひとりに直接政治のあり方を決定する権利が与えられているというより、国民は「国会における代表者を通じて行動し」（前文）となっているように、議会制民主主義のわが国において政治のあり方を決めているのは三権（立法・行

政・司法）であり、それらに直接携わる公務員を選定・罷免するという権利（第15条）があるというかたちで、この国のよりよい政治のあり方を決める意思決定のプロセスに参加することができる権利（参政権）を、国民の一人ひとりが持っていることであると言えるでしょう。

　また憲法上の国民には、このような「主権主体としての国民」という側面だけではなく、「人権主体としての個人」という側面を持つ存在であるとされています。日本国憲法では「国民は、すべての基本的人権の享有を妨げられない」（第11条）として、侵すことのできない永久の権利としての基本的人権が保障されることが定められています。国民は、主権を持つ主権者であると同時に、憲法で保障されている基本的人権を保持している人権主体でもあるということなのです。

　このように、私たちは生まれた時から、すでにひとりの国民として「主権者」であり、基本的人権が保障された個人であるといえます。したがって、私たち国民は、18歳になってから突然「主権者」になるわけではなく、正確には生まれた時からすでに「主権者」であるのです。そして18歳になった時点で「選挙権を持つ有権者」になるということなのです。

　この「主権者」であることについても、「選挙権を持つ有権者」になることについても、何か特別な条件や資格・能力が必要なわけではなく、国民であれば誰でも無条件に「主権者」なのであり、18歳以上になれば誰でも「選挙権を持つ有権者」になれるということなのです。

3. 主権者であること・主権者になること

　子ども（児童・生徒）たちは、生まれた時からすでに国民であり「**主権者である**」のです。したがって、主権者教育とは、子ども（児童・生徒）たちを「主権者」にするための教育ではありません。

　しかし、「主権者である」ということと、自らが持っている基本的人権や参政権を行使できるようになることや、「有権者」として選挙権を行使できるような「**主権者になる**」ことには違いがあるように思います。

　2022年の参議院議員選挙の有権者全体の投票率は52.05％であり、有権者の

半数近くが選挙に行くことなく、自らの「選挙権」を行使していません。また、選挙に行って投票するということだけが、自らの「参政権」を行使するということではありません。

　主権者は、ただ単に主権者であるということだけでなく、主権者として自らが持っている参政権をはじめとする基本的人権をしっかりと行使することができる主体（権利行使の主体）としての「**主権者になる**」ことが必要なのです。

　このようなことから言っても、主権者教育とは、子ども（児童・生徒）たちを主権者にするということではなく、自分たちが生まれながらに基本的人権や参政権をもっている「**主権者である**」ということに気づかせ自覚させる教育であり、18歳になって選挙権を持つ有権者となった時に、この権利をきちんと行使できるような主体である「**主権者になる**」ために必要な力を身に付けさせる教育であると言えるでしょう。

　したがって、主権者教育というのは、これから18歳になっていく子ども（児童・生徒）たちだけに行われるべきものではなく、生まれながら基本的人権と参政権を持つ「**主権者である**」国民全員が、選挙権を持つ有権者として、しっかりと権利行使ができるような「**主権者になる**」ために行われるべきものであると言えるでしょう。

4. 公教育（学校教育）において、やらなければならない主権者教育

　教育基本法の第1条（教育の目的）には、「教育は、人格の完成を目指し、平和で民主的な国家及び社会の形成者として必要な資質を備えた心身ともに健康な国民の育成を期して行われなければならない」とされています。

　この「**平和で民主的な国家及び社会の形成者**」というのは、まさに「主権者」として自らが持っている参政権を行使して、この国のよりよい政治のあり方を決める意思決定のプロセスに参加することができる者であると思います。

　したがって、日本における公教育（学校教育）においては、主権者である国民に対して、「平和で民主的な国家及び社会の形成者」としての主権者になるための教育をしなければならないと言えるでしょう。

　また、教育基本法第14条では、「良識ある公民として必要な政治的教養は、

教育上尊重されなければならない」とされています。ここで言われている「良識ある公民」というのは、そのまま「平和で民主的な国家及び社会の形成者」としての「主権者」であると言えるでしょう。

　このような教育基本法の規定に基づいて、日本の公教育（学校教育）においては、子ども（児童・生徒）たちに、「平和で民主的な国家及び社会の形成者」となるために、「良識ある公民として必要な政治的教養」を身に付けさせる主権者教育を行わなければならないのです。

　したがって、わが国における主権者教育は、日本の公教育（学校教育）において、すべての学校における教職員が、すべての教科・科目および教育活動において「やらなければならない教育」として取り組まなければならないのです。

　主権者教育は、単に十代の若者を選挙に行かせるための教育でも、若者の投票率を上げるための教育でもありません。意識が高く、意欲的な学校や教師たちが特別に取り組む教育でも、社会科（公民科）の教師だけがやる教育でもありません。

　主権者教育は、〜のためにとか、〜であるならば、というような、条件付きで行う特別な教育ではありません。すべての国民が、自らが主権者であることを自覚して、参政権をはじめとする基本的人権を主体的に行使することができる「主権主体・人権主体」となるために、国民全体に対して**やらなければならない教育**なのです。

5.　子どもの権利条約と主権者教育

　「**子どもの権利条約**」は1989年に国連で採択され、日本は1994年にこの条約を批准しました。この条約では、たんに子どもを保護・救済の対象としての<u>権利享有の主体</u>としてだけではなく、自らの権利を行使できる固有の人格主体<u>（権利行使の主体）</u>として捉える見地から、子どもの精神的・内面的発達と人間的自由の確保のために「意見表明権」をはじめとする市民的自由権を認め、これを保障していくという、それまでの子ども観・権利観を大きく転換させた内容になっています。

　具体的には第12条において、「締約国は、自己の意見を形成する能力のある児童がその児童に影響を及ぼすすべての事項について自由に自己の意見を表明する権利を確保する」として、子どもの意見表明権の保障を明記しています。さらに子どもにも大人と同じような市民的な自由権を保障すべきとして、「表現・情報の自由」（第13条）、「思想・良心・宗教の自由」（第14条）、「結社・集会の自由」（第15条）、「プライバシー・通信・名誉の保護」（第16条）、「マスメディアへのアクセス」（第17条）などが明記、保障されています。

　このような市民的自由の権利が、子どもが子どもだからという理由で制限されるのではなく、年齢と発達段階に相応して、積極的にこのような権利を行使する機会を保障していく「**参加する権利（参加権）**」の保障が方向づけられています。

　このような「参加する権利（参加権）」の行使によって、子どもたちが「権利行使の主体」としての能力を身に付けるためには、子どもたちを「自己決定の主体」として捉え、子どもたち一人ひとりが自己にかかわる問題に自ら関与し、自ら主体的に決定しうる能力（自己決定能力）をもつ主体として成長・発達していくことを保障しなければなりません。

　そのような「自己決定能力」を身に付けさせるためには、子どもたちに自己決定の機会を与え、実際に自己の責任において決定する経験をもたせることが必要なのです。

　国際人権条約である「子どもの権利条約」は、それを批准した国に、その理念の実現を実効化する責務を課すことになります。当然、日本における公教育（学校教育）においても、「子どもの権利条約」の内容と理念にそった教育が行わなければなりません。そういった意味においても、子どもたちが政治に参加して、自らの参政権を主体的に行使できるようになるための主権者教育は、必ず「やらなければならない教育」として位置づけられるものだと思います。

6.　主権者であることに気づかせ自覚させる主権者教育

　それでは、公教育（学校教育）において「やならければならない主権者教育」とは、どのような教育なのでしょうか。

　まずはじめに、それは子ども（児童・生徒）たちに「主権者である」ことに気づかせる、自覚させる教育でなければなりません。すべて国民は、産まれた時にすでにひとりの国民であり、同時に主権者であるのです。その時点で、一人の国民＝主権者として、憲法で認められている参政権をはじめとする基本的人権が保障されているのです。

　公教育（学校教育）では、子ども（児童・生徒）たちに対して、教育活動のあらゆる機会を通して、自分たちが国民＝主権者であること、参政権をはじめとする基本的人権が保障されていることを教えることによって、そのことに気づかせ、自覚させていかなければなりません。

　では、いったいどのような主権者教育を行えば、子ども（児童・生徒）たちは、「主権者であること」に気づき、自覚できるようになるのでしょうか。

　まず考えられるのは主権者として自らが保障されている参政権をはじめとする基本的人権についてと、それらを保障するための民主主義の原理や政治の仕組みについての知識や概念を教え、学習させていくということです。

　これまで学校における主権者教育は、そのような知識や概念を、おもに社会科や公民科において、教科書にもとづいて教えていくという学習が中心であったように思います。しかし、そのような知識や概念を、教科書にもとづいて学習したからといって、自分たちが「主権者であること」に気づき、自覚することができるようになるわけではありません。

　野球やサッカーのルールやプレースタイルについての知識や概念を学習したからと言って、実際に野球やサッカーのプレーができたり、試合に参加することはできません。道路交通法のルールや自動車の構造と運転の仕方を、いくら学科の講義で学習したとしても、それだけで自動車を運転することはできませんし、運転免許も取得することはできません。

　結局、いくら学校で、主権者として自らが保障されている基本的人権や民主主義の原理・政治の仕組みの知識や概念を学習したとしても、それだけでは「主権者であること」に気づき、自覚することはできないということなのです。

　野球やサッカーの選手としてプレーするためには、ただ野球やサッカーのルールやプレースタイルの知識や概念を学習するだけでなく、自分もプレーヤーとしてチームの一員として試合に参加するのだという「気づき・自覚」が必要

であり、自動車の免許を取得するためには、道路交通法のルールや自動車の構造や運転の仕方の知識や概念を学科で学習するだけでなく、実際に自分が自動車を運転するのだという「気づき・自覚」が必要なのです。

　同じように、主権者として権利を行使できるようになるためには、参政権を持った有権者として政治に参加できるようになるためには、まず第一に、自らが主権者であり、参政権をはじめとする基本的人権が保障されているということについての「気づき・自覚」が必要なのです。

　しかし、これまでの学校現場における「主権者教育」のほとんどは、社会科や公民科での学習が中心であり、どちらかというと政治や民主主義についての知識・概念を理解させるという学習になりがちでした。結局、それらの知識や概念は、自分たちの生活や人生に関わるものとして生徒たちに学ばれることは少なく、テストで点数を取るためだけの暗記中心の学習となってしまい、テストが終わると、それらの知識や概念は忘れ去られていたのではないでしょうか。

　また、社会科・公民科の授業では、教師たちは政治のしくみや憲法の条文についての知識については、これをしっかりと教えたとしても、現実の具体的な政治的な問題（争点）については、政治的中立性への配慮から、さらっと触れる程度か、むしろ授業の中で教えることを避けてしまうような傾向もあったように思われます。

　このような社会科や公民科での「主権者教育」の実態では、学校で学ぶ政治的知識や概念が、現実の自分たちが生きている社会と結びついたものとしてしっかりと認識されていくことは難しく、自らが主権者であることに気づいたり、自覚するということは少なく、そのことが、若者たちの現実の政治に対する無知・無関心・無理解を引き起こし、若者の選挙の投票率の低下を招いてきたのではないでしょうか。

　主権者教育とは、何よりもまず子ども（児童・生徒）たちに、自分たちが国民＝主権者であること、参政権をはじめとする基本的人権が保障されている**「主権者である」ことに気づかせ自覚させる教育**でなければならないのです。

7. 主権者になるために必要な力を身に付けさせる主権者教育

　総務省の「常時啓発事業のあり方等研究会」の最終報告書（2011年）では、これまでの日本の学校教育においては「政治や選挙の仕組みは教えても、選挙の意義や重要性を理解させたり、社会や政治に対する判断力、国民主権を担う公民としての意欲や態度を身に付けさせるのに十分なものとなっていない」と指摘しています。

　また、「我が国では、児童・生徒が学校内の身近な問題について自分達で考え、主体的に発言し、決定に参画していくという学校民主主義に実践がほとんどなされていない」として、「将来を担う子どもたちに対し、主権者としての自覚を促し、必要な知識と判断力、行動力の習熟を進める政治教育を充実させる」べきだとしています。

　そのためには「知識を習得するだけでなく、実際に社会の諸活動に参加し、体験することで、社会の一員としての自覚」を持つこと、「政治的・社会的に対立している問題について判断をし、意思決定をしていく資質」や「情報を収集し、的確に読み解き、考察し、判断する」という力を身に付けた「社会に参加し、自ら考え、判断する自立した主権者」という「新しい主権者像」を提起しています。

　また文科省の「主権者教育の推進に関する検討チーム」の最終まとめ（2016年）では、主権者教育の目的を、「単に政治の仕組みについて必要な知識を習得させるにとどまらず、主権者として社会の中で自立し、他者と連携・協働しながら、社会を生き抜く力や地域の課題解決を社会の構成員の一人として主体的に担うことができる力を身に付けさせる」ものとしています。

　そして、総務省・文科省が2015年に作成した副教材『私たちが拓く日本の未来』の「指導資料」では、公民として必要とされている力として、以下の四つが列記され、これらを生徒たちに身に付けさせることが期待されるとしています。

　①論理的思考力（とりわけ根拠をもって主張し他者を説得する力）

　②現実社会の諸課題について多面的・多角的に考察し、公正に判断する力

　③現実社会の諸課題を見出し、協働的に追究し解決（合意形成・意思決定）

　　する力

④公共的な事柄に自ら参画しようとする意欲や態度

　このように、これからの主権者教育は、生徒たちに「主権者である」ことに気づかせ自覚させるだけでなく、権利行使の主体としての**「主権者になる」ために必要な力を身に付けさせる教育**なのです。それは、単に知識を習得・理解させるだけでなく、主権者として現実の社会や政治の問題について考え、判断をする力（思考力・判断力）、意思決定を行って合意形成する力、主体的に国家や社会の形成に参画できる力（態度・行動）などを、しっかりと身に付けさせる教育であるということなのです。

8. 「学び方の転換」で主権者教育をやろう！

　このような主権者となるために必要な力を生徒たちに身に付けさせて、真の意味での主権者になっていくためには、主権者教育はどうあらねばならないのでしょうか。そのためにはまず、これまでの学校教育における「学び方」を、大きく「転換」していくことが必要なのではないのでしょうか。

　これまでのような政治や民主主義についての「知識」や「概念」を、ただ「教え込む（覚えさせる）」だけの授業ではなく、生徒たちが、政治や民主主義の問題（課題）を、自分たちの生活や人生と深く結びついたものとしてリアルに感じとらせ、自分たちが主権者であり、基本的人権や参政権を持つ者であることに気づき、自覚できるような、そして現実社会の問題について考え・判断して、自らの意思決定ができるよう**な授業づくりや教材づくり**が必要だと思います。

　そのような授業によって、生徒たちが、政治や民主主義の問題（課題）を、自分たちの生活や人生と深くむすびついたものとして捉え、これを自分自身の問題（課題）として主体的に学び、考えることができるような授業づくり・教材づくりこそが、生徒たちを主権者として必要な力を身に付けさせていく主権者教育となっていくのではないでしょうか。

　2020年度から高校では「**公共**」と「**総合的な探究の時間**」が必修となりました。これまでの知識注入型の学びではなく、生徒が学びの主体となるような

「学び方の転換」が求められています。それは、子ども（児童・生徒）たちを、社会を担う主体として育てていくような「**学び方の転換**」です。

　高校公民科の「公共」は、それまでの「現代社会」に代わって新設された科目ですが、文部科学省の説明では、18歳から選挙権が与えられたことから、高校生のうちに社会のさまざまな活動に参加できる力を養う必要があるとして、知識だけでなく適切な判断力や様々な社会的課題に対して適切に判断し、解決する力を身に付けることを目的として、この科目を新設したとしています。

　2018年の高等学校学習指導要領では「公共」の目標として、「グローバル化する国際社会に主体的に生きる平和で民主的な国家及び社会の有為な形成者に必要な公民としての資質・能力を育成することを目指す」として、「諸資料から必要となる情報を適切かつ効果的に調べるまとめる技能」や「合意形成や社会参画を視野にいれながら構想したことを論議する力」や「現代の諸課題を主体的に解決しようとする態度」を養うことなどが明記されています。

　「**総合的な探究の時間**」は、それまでの「総合的な学習の時間」に代わって新設された教科ですが、生徒に知識や技能を身に付けさせるだけでなく、目の前の課題を様々な方法で調査・理解し、自分の力で考えるという「探究学習」を軸とした時間であるとされています。

　2018年の高等学校学習指導要領では「総合的な探究の時間」の目標として、「「探究の見方・考え方」を働かせ、横断的・総合的な学習を行うことを通して、自己の在り方生き方を考えながら、よりよく課題を発見していくための資質・能力を育成することを目指す」として、「課題の発見と解決に必要な知識及び技能」や「自分で課題を立て、情報を集め、整理・分析して、まとめ・表現することができるようにする」ことなどが明記されています。

　「公共」と「総合的な探究の時間」、いずれにおいてもその目標に示されているのは、この間文部科学省がすすめてきた「**主体的で対話的な深い学び**」という課題探究型学習への「学び方の転換」です。

　主権者教育が、子ども（児童・生徒）たちに「主権者である」ということに気づかせ自覚させる教育であり、18歳になって選挙権を持つ有権者となった時に、この権利をきちんと行使できるような力を身に付けさせて「主権者にな

る」ための教育であるならば、その「学び方」は、子どもたちが学びの主体となるような「学び方」であり、子ども（児童・生徒）たちが社会を担う主体として育っていくような「学び方」になるのではないでしょうか。

「公共」や「総合的な探究の時間」が目指している「主体的で対話的な深い学び」という「学び方の転換」は、まさにこれからの主権者教育における「学び方」の基本となるものであり、そういった意味で、「公共」や「総合的な探究の時間」は、これからの主権者教育に最もふさわしい実践のフィールドになる可能性があるように思われます。

また、主権者教育は、このような「学び方の転換」によって、単に社会科や公民科、総合的な探究の時間だけでなく、すべての教科科目、すべての学校の教育活動の中でも、様々なかたちで展開することが可能になっていくと思います。

主権者教育とは、自分たちが生まれながらに基本的人権や参政権をもっている**「主権者である」ことに気づかせ自覚させる教育**であり、18歳になって選挙権を持つ有権者となった時に、この権利をきちんと行使できるような主体である**「主権者になる」ために必要な力を身に付けさせる教育**なのです。そして、そのような主権者教育は、主権者であるすべての国民に対して**「やらなければならない教育」**なのです。

そんな主権者教育を、みなさんも始めてみませんか。

参考文献

久保田貢（2017）「「主権者教育論」再考――その歴史と現在」『教育学研究』第84号第2号
桑原敏典（2016）「18歳選挙権時代の主権者教育実践の課題」『教育と医学』No.758
常時啓発事業のあり方等研究会（2011）「最終報告書」
総務省・文部科学省（2015）「私たちが拓く日本の未来・活用のための指導資料」
田代高章（2017）「子どもの権利の視点からの主権者教育のあり方」『生活指導研究』NO.34
広田照幸（2010）「コドモを市民に育てるには」『アスティオン』72号
吉田俊弘（2014）「いま求められる「主権者教育」」『じっきょう 地歴・公民科資料』No.79

第2章
有権者教育から主権者教育へ

池田　考司

1. 失敗に終わった有権者教育

　2015（平成27）年に18歳選挙権の開始を決める公職選挙法の改正が行われました。そして、2016（平成28）年7月の参議院選挙から18歳、19歳の若者も有権者として投票できることになりました。

　藤井剛『18歳選挙権に向けて　主権者教育のすすめ』清水書院、田中治彦・藤井剛・城島徹・岸尾祐二編『やさしい主権者教育』東洋館出版社、橋本康弘・藤井剛『授業LIVE　18歳からの政治参加——アクティブ・ラーニングで学ぶ主権者教育』清水書院、桑原敏典編『高校生のための主権者教育実践ハンドブック』明治図書出版等、18歳選挙権・主権者教育に関する書籍が、2016年から2017年にかけて次々と出版されました。

　2015（平成27）年度の予備費を使って、総務省と文部科学省が編集し、全国の高校生全員に『私たちが拓く日本の未来——有権者として求められる力を身に付けるために』が配布されました。

　それらの最大の目標は、18歳からの若者の投票率の向上にありました。有権者教育を推進することによって、選挙への関心が高まり、投票率を上げることができるであろうというのが、総務省、文部科学省、主権者教育を推進する研究者の考えたことでした。

　しかし、結果はどうだったでしょうか？

　最初の18歳選挙だった、平成28年参議院議員選挙の10歳代投票率こそ46.78％でしたが、翌年の2017（平成29）年衆議院議員選挙の10歳代の投票率は早くも低下し、40.49％になり、2019（令和元）年の参議院議員選挙の10歳代投票率は32.28％、2021（令和3）年衆議院議員選挙は43.21％と若干上がっ

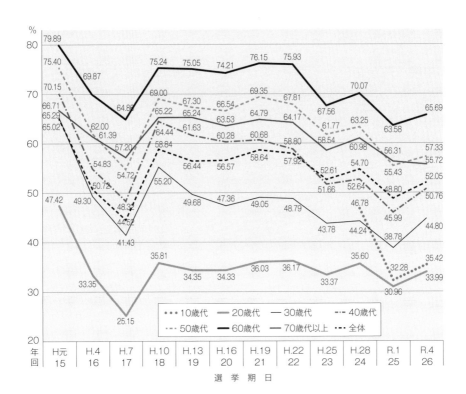

年	H元	H.4	H.7	H.10	H.13	H.16	H.19	H.22	H.25	H.28	R.1	R.4
回	15	16	17	18	19	20	21	22	23	24	25	26
10歳代										46.78	32.28	35.42
20歳代	47.42	33.35	25.15	35.81	34.35	34.33	36.03	36.17	33.37	35.60	30.96	33.99
30歳代	65.29	49.30	41.43	55.20	49.68	47.36	49.05	48.79	43.78	44.24	38.78	44.80
40歳代	70.15	54.83	48.32	64.44	61.63	60.28	60.68	58.80	51.66	52.64	45.99	50.76
50歳代	75.40	62.00	54.72	69.00	67.30	66.54	69.35	67.81	61.77	63.25	55.43	57.33
60歳代	79.89	69.87	64.86	75.24	75.05	74.21	76.15	75.93	67.56	70.07	63.58	65.69
70歳代以上	66.71	61.39	57.20	65.22	65.24	63.53	64.79	64.17	58.54	60.98	56.31	55.72
全体	65.02	50.72	44.52	58.84	56.44	56.57	58.64	57.92	52.61	54.70	48.80	52.05

※① 　この表のうち、年代別の投票率は、全国の投票区から、回ごとに142～188投票区を抽出し調査したものです。

※② 　第24回の10歳代の投票率は、全数調査による数値です。

図1　参議院議員通常選挙における年代別投票率（抽出）の推移

［出所］総務省ホームページ

ているものの、2022（令和4）年参議院議員選挙の10歳代の投票率は35.42％となっています。

　20歳代投票率については、30％台が続き、有権者教育の成果は見ることができません。常に衆議院議員選挙で50％台後半、参議院議員選挙では60％台の投票率を維持している60歳代とは大きな開きがあります。

　しかし、2016年、2017年に「主権者教育」の本を出版した研究者たちは、主権者教育の失敗を正面から分析・反省することなく、同じ取り組みを続けています。果たしてそれでよいのでしょうか。

　若者の政治的関心・政治参加の低下を抜本的に改善すべき時に、私たちは、今までの有権者教育に偏っていた主権者教育の持っていた課題をしっかりととらえ直し、新たな主権者教育を構築・実践していく必要があるのではないでしょうか。

　前記の参議院議員通常選挙における年代別投票率（抽出）の推移、衆議院議員選挙における年代別投票率（抽出）の推移は、総務省のホームページで見ることができます。

2. 選挙教育にとどまってしまった有権者教育

　この間の「有権者教育」が失敗に終わった最大の理由は、有権者教育（主権者教育）を選挙教育にとどめてしまったことです。

　しかも、それは架空選挙教育だったのです。

　2015年の公職選挙法改正に対応して、総務省の働きかけで、全国の選挙管理委員会が選挙出前授業を行いました。2016（平成28）年度には、894の選挙管理委員会が選挙出前授業を実施し、2019（令和元）年度までに、700を超える選挙管理委員会が実施し、2022（令和4）年度でも665の選挙管理委員会が実施しています。

　その内容は、総務省ホームページ等で見ることができますが、例えば、総務省『選挙出前授業モデル』（2018年3月）を見てみると、A案「社会問題を通じてメディアについて考えよう！」は、授業の目標を「社会や政治についてのイメージを見つめ直し、メディアを通して情報を獲得する流れを認識させるこ

と」とし、「イルカ問題を知ろう」をテーマに新聞記事の情報比較を行う次元に止まっています。

B案「選挙によって作られる社会について探究しよう！」は、目標をずばり「選挙と社会」について探究することとし、選挙の大切さを理解させることが目的になっています。

主権者として社会・政治課題を批判的・創造的に考察するという発想には欠けた内容・方法になっています。

1969（昭和44）年に出された文部省初等中等教育局長通知「高等学校における政治的教養と政治的活動について」を、18歳選挙権開始に向けて改めるために出された2015（平成27）10月29日の文部科学省初等中等教育局長通知「高等学校等における政治的教養の教育と高等学校等の生徒による政治的活動等について」では、「政治的教養の教育」について、「指導上の留意事項」として「校長を中心に学校としての指導計画を立てる。」を記し、教師（教科担任）が、教科の専門家として授業を構成・実施することを制限すると受け取られかねないものとなっています。

「政治的教養の教育関係」については、「１）現実の具体的な政治的事象を取扱うことや、２）模擬選挙や模擬議会などの現実の政治を素材とした実践的な教育活動を積極的に行うこと」を示し、特に２）で具体的な特定の教育内容・方法を示し、誘導する性格を持っていました。

最盛期の2016年、2017年の選挙出前授業では、実際の選挙を教材として扱うことを強く忌避する傾向がありました。

その背景には、教育への政治の干渉の深刻化と、新通知における旧通知と変わらない政治的課題への関与に対する警告がありました。

選挙出前授業の多くで行われた模擬選挙は、実際の選挙ではなく、架空の政党・候補者、実際の選挙争点にはならないであろう争点設定をした架空の選挙が行われ、現実の政治課題、高校生自身に関わる重要な課題・争点は扱われないものに止まってしまったのです。このことが、高校生の政治への関心の低さの背景にあることを見逃してはならないでしょう。

表1　10.31通知と10.29通知からの抜粋

通知名	高等学校における政治的教養と政治的活動について（昭和44年10月31日通知）	高等学校における政治的教養と高等学校等の生徒における政治的活動等について（平成27年10月29日通知）
高等学校教育と政治的教養（10.31通知）前文（10.29通知）	（二）学校教育は、単に政治的教養のみならず、生徒の全人格的な教養の涵養を目的とするものであるので、政治的教養の教育にかたよりすぎることなく、他の教育活動と調和のとれたものであること。	学校は、教育基本法第14条第2項に基づき、政治的中立を確保することが求められるとともに、教員については、学校教育に対する国民の信頼を確保するため公正中立な立場が求められており、教員の言動が生徒に与える影響が極めて大きいことなどから法令に基づく制限があることに留意することが必要です。
指導上の留意事項	一）現実の具体的な政治的事象には、教師自身も教材として十分に理解し、消化して客観的に取り扱うことに困難なものがあり、ともすれば教師の個人的な見解や主義主張がはいりこむおそれがあるので、慎重に取り扱うこと。三）現実の具体的な政治的事象は、取り扱い上慎重を期さなければならない性格のものであるので、必要がある場合には、校長を中心に学校としての指導方針を確立すること。	3　また、現実の具体的な政治的事象については、種々の見解があり、一つの見解が絶対的に正しく、他のものは誤りであると断定することは困難である。……その際、特定の事柄を強調しすぎたり、一面的な見解を十分な配慮なく取り上げたりするなど、特定の見方や考え方に偏った取扱いにより、生徒が主体的に考え、判断することを妨げないよう留意すること。4　生徒が有権者としての権利を円滑に行使することができるよう、選挙管理委員会との連携などにより、具体的な投票方法など実際の選挙の際に必要となる知識を得たり、模擬選挙や模擬議会など現実の政治を素材とした実践的な教育活動を通して理解を深めたりすることができるよう指導すること。

3. 社会の課題を正面から扱い、市民を育てる　イギリスのシティズンシップ教育

　日本と同じように若者投票率の低さが深刻な問題となっていた国にイギリスがあります。

　イギリスも、2001年の下院総選挙では、18 〜 24歳の投票率が40.4％、2005年の下院総選挙では38.2％となっています。

　イギリスでは、2002年にナショナルカリキュラム（10 〜 16歳）に科目「シティズンシップ」が導入され、学校教育全体でのシティズンシップ教育推進が始まりました。

　そして、シティズンシップ教育で学んだ世代から、投票率が上昇しています。

　イギリスのシティズンシップ教育は、有権者教育、選挙教育ではありません。

　科目「シティズンシップ」では、時事的、政治的、精神的、道徳的、社会的、文化的論点や問題点について、個人的意見や考えを口頭や文章で発表すること、グループ討議することを学習活動の柱にしています。

　日本の有権者教育のように社会的論争課題を扱うことを忌避することなどなく、正面から学習課題として位置づけているのです。

　また、シティズンシップ教育として、科目「シティズンシップ」以外の時間にも、主体的な市民を育てる教育活動が多数展開されています。

　学校の課題について、子どもたちみんなで話し合うサークルミーティングでは、ゴミの扱い・リサイクル、いじめ、学校施設の活用方法等を小学生が話し合っています。

　このミーティングによる子ども参加・自治は、日本でも、管理や受験競争教育への対案教育が展開されている全国各地のオルタナティブスクールで行われています。

　世界の子どものことを学習し、自分たちにできる活動を展開するということが、イギリスの中学校高校では行われています。

　学習をもとにした募金活動だけでなく、政治家への請願行動等も学校生徒会単位で行われています。

　ブレア労働党政権で必修科目として始まった「シティズンシップ」も、保守党政権への政権交代後は、選択科目となりましたが、重要科目として継続していきました。

　市民として行動する能力を育てる、思考・討議・調査・交渉の能力を育てる、市民としての価値観・態度を育てることが、シティズンシップ教育によって進められているのです。

　その結果が、18〜24歳投票率の、2010年下院総選挙、2015年下院総選挙での50％台への上昇、2017年下院総選挙での60％台の投票率実現を生んだのです。

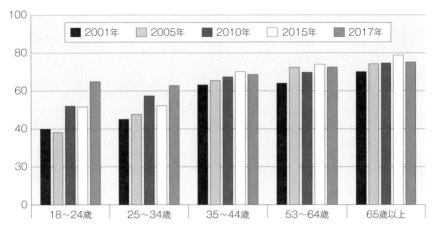

図2 イギリス下院総選挙における世代別投票率

［出所］Noel Dempsey,"Turnout at elections,"House of Commons Library Briefing Paper, No.CBP 8060, 26 July 2017: p.10をもとに筆者作成

　選挙制度の理解や投票行動の促進が、この成果を生んだわけではないのです。

社会参加する市民を育てるスウェーデンの主権者教育

　スウェーデンの中学校社会科教科書『あなた自身の社会』は、日本でロングセラーになっている本（新評論）です。

『あなた自身の社会』

　この本は、「第1章　法律と権利」「第2章　あなたと他の人々」「第3章　あなた自身の経済」「第4章　コミューン」「第5章　私たちの社会保障」という5つの章で構成されています。

　この教科書が、日本の社会科教科書と違うのは、いじめ、恋愛、暴力、不平等、社会的弱者の存在等の社会の課題を主題として提示し、「あなたには○○することができる」という主権者（市民）として参加が可能な課題と方法を次々と示し、考えるように内容が構成されているところにあります。

　日本の社会科教科書は、制度・政策・史実の伝達と獲得・暗記が目的となっているものが大半です。社会・政治経済の学習が、子どもたちが自身の課題と

して思考・選択するものとなっておらず、無批判に受け取るものになっているのです。

　政治学習も、投票方法の学習、政治・選挙制度の説明等で、批判的考察は行われないものになっています。

　これでは、社会的課題、政治問題に主体的に関心を持ち、考え、投票行動も含めた参加をしようとする主権者は育っていきません。

　スウェーデンの社会科教科書については、ヨーラン・スバネリッド著、鈴木賢志・明治大学日本学部鈴木ゼミ翻訳『スウェーデンの小学校社会科教科書を読む——日本の大学生は何を感じたのか』（新評論）が出版されています。スウェーデンの若者（30歳未満）の80％を超える投票率の背景には、自己肯定感を育み、そして、主権者として社会に参加していけることを感じ、社会のことを考える人を小学校の段階から育てる教育があることがこの本からはわかります。

　「社会には法律があって、私たちはそれに従わなければならない」という記述の次には、「しかし、すべての社会は変化するので、法律や規則は変わるものであり、自分がそれを変えたいと思えば、そのように努力すべきである」と書かれているのです。

　学校のカフェや遊び場が閉鎖されそうになれば、メディアを利用して賛同者を集め、地元新聞に投稿し、政治家に会い、デモによって意思表示するように、小学生に呼びかけているのです。

　イギリスの社会の課題を正面から考え、論じ合い学んでいくシティズンシップ教育、社会を変え作っていく人として自己を認識し、実際の行動へと促すスウェーデンの社会科教育。これらから学んでいかなければ、いくら有権者教育」をしても、若者の投票率は上がらず、その背景にある政治的無力感・無関心は変わってはいかないでしょう。

4.　請願権、直接請求権等の学習を主権者教育の中心に位置づける

　日本国憲法第16条は次のとおりです。

　何人も、損害の救済、公務員の罷免、法律、命令又は規則の制定、廃止又は改正その他の事項に関し、平穏に請願する権利を有し、何人も、かかる請願をしたためにいかなる差別待遇も受けない。

　請願制度自体は、大日本帝国憲法時代にも存在しましたが、それは封建時代の直訴と変わらず、聞き置くだけのものでした。

　日本国憲法では、「請願する権利」として明記されています。

　しかし、それに対応した法律等は、国会法、衆議院規則、参議院規則、地方自治法、特殊なケースとして監獄法があるのみで、限られた団体・個人による請願と議会での対応が実態となっており、報道でもほとんど扱われることがないのが現状です。

　ドイツでは1975年の基本法改正で、請願権の保障の実効化を進め、連邦議会に請願委員会が設置され、請願の適切な処理が求められることになっています。

　議会（投票）を通した政治関与以外の政治参加方法を学習することは、現代社会においてとても重要です。投票率が低い日本では皮肉なことに、その時々の世論に政権は敏感にならざるを得ず、日本国憲法第21条の「集会の自由・結社の自由・表現の自由」によって保障されているデモや集会と同様に政治的な影響力を持ち得る権利として請願権も考えていく必要があるように思われます。

　地方自治の段階では、直接請求制度があります。直接請求制度は、「間接民主制の欠陥を補強し、住民自治の徹底を期するため、直接民主主義の原理に基づく直接請求の権利を住民の基本権として認めているもの」（総務省ホームページ引用の松本英昭『逐条地方自治法第９次改訂版』）として認知されており、地方自治に住民の直接意思を反映させる権利だと言えます。

　組織規模、人口規模の異なる国政における直接民主主義の導入は困難であるという認識が長年維持されてきていますが、インターネット技術等の向上で、国政に関しても世論の集約把握、個別政治テーマへの国民からの発信が容易になりつつあり、間接民主制への「参加」「参画」のみを方法として教える有権者教育は時代にそぐわないものになってきていると言えるでしょう。

　日本の直接請求制度には、①条例の制定・改廃の請求、②事務の監査請求、③議会の解散請求、④解職請求（議員、長、主要な公務員）があり、①と②は、選挙権を有する者の50分の1以上の署名が必要であり、①は請求された首長は議会に案をかけ、結果を公表するものとされています。②は監査委員に請求し、監査後に監査結果を公表することとされています。③と④は、選挙権を有する者の3分の1以上の署名が必要と規定されており、③は選挙管理委員会が請求をもとに住民投票を行い、過半数の同意があると、議会は解散となります。④では議員と首長は、選挙管理委員会が住民投票を行い、過半数の同意で失職とされます。副知事や副市町村長等主要公務員は、首長が請求され、議会で3分の2以上の出席で、4分の3以上の同意があれば、失職となります。

　国政についても、今後同様の扱いが行われる可能性があり、そのような観点・課題意識を主権者教育において提供することが必要になってくるでしょう。

5. 教育を「社会化」ではなく、「主体化」のためのものにと主張する ガート・ビースタ

　オランダ生まれの教育学者で、日本の教育学の世界で現在、注目されている人が、ガート・ビースタです。

　ビースタの『よい教育とはなにか——倫理・政治・民主主義』（白澤社、2016年(原書2010年))をもとに、ビースタの主張を紹介していきましょう。

　ビースタは、教育の機能として、「社会化」と「主体化」をあげています。

　「社会化」について、ビースタは次のように述べています。

　　その社会化の機能を通して、教育は、個人を既存の行動様式や存在様式にはめ込んでいる。この方法で、教育は、文化と伝統の継承において、——望ましい面と望ましからざる面との両面において——重要な役割を演じている。(p.36)

　この社会化によって、人びとは「特定の社会的、文化的、政治的な『秩序』の一部になる」のだとビースタは指摘しているのです。

　地球環境危機、深刻化する格差と貧困、不平等……、既存の社会が地球と人類を危機的状況に追い込んでいる今、「社会化」によって「特定の社会的、文化的、政治的な『秩序』の一部に子ども若者をしていく教育、有権者教育が続く状況はあってはならないと多くの子ども若者は感じとっているのではないでしょうか。

　2016年頃から活発に展開された有権者教育とは、「社会化」の教育だったのではないでしょうか。

　では、ビースタの言う「主体化」とは何でしょうか。少し抽象的な文章ですが、紹介してみましょう。

　　教育は単に資格化や社会化に貢献するのみでなく、個性化、あるいは、私の好みでは主体化——主体になるプロセス——と呼んでいるものにも影響を与える。（p.36）

　　そのような秩序からの独立を暗示するあり方や、個人がより包括的な秩序の一つの単なる「標本」ではないようなあり方のことを表している。（p.37）

　　我々は主体化を根源的に未来へと開かれたプロセスとしてだけでなく同時に本質的に民主主義的なプロセスとして理解するために「世界への参入」や「独自性」というような概念を使うべきだということを主張した。（p.152）

　現在の社会のあり方（秩序）を自明（当然の変わらないもの）と受け止めさせる教育ではなく、現在の社会のあり方（秩序）を相対化して考える。自分自身の経験や学び、思考をもとに批判的に、創造的に考える。そのようなものに教育を変えていく必要性をビースタは述べているのです。

　そうすると、今までの有権者教育からの転換は必須のものだということになります。

　しかし、注意しなければならないことがあります。

　長い間、日本の教育は知識（コンテンツ）を教え、頭に貯金させ、その貯金の量を入試で量ることで、学校体制〜就職システムを維持してきました。

　それでは、情報化とグローバル化が進む世界ではやっていけないとして資質・能力（コンピテンシー）の獲得・形成を目指す教育への転換が現在図られ

ています。

ところが残念なことに、そのようにうまく転換は図られていません。

「アクティブ・ラーニング」、「主体的・対話的で深い学び」という言葉が教育界で多用され、教師が一方的に、あるいは巧みな話術で問答を入れながら知識を伝達する授業からの転換は、＜教師が子どもを巧みに動かす＞ものにとどまってしまっているのです。

日本全国どこの教室を見学しても、「めあて」を確認することから授業が始められ、教師の短い説明の後に、「調べ学習」が行われます。子ども（生徒）たちは、教科書や副教材、端末のグーグル検索上位サイトを「調べ」、シートにまとめていきます。

そして、「交流・対話」が数人で行われます。「調べた」結果は、狭い既存の情報の範囲になってしまうことがほとんどです。

「発表」や端末での書き込みの「共有・交流」が行われますが、個性的なものや批判的・創造的なものが出されることはほとんどありません。

「主体的・対話的」な「学び」の「振り返り」の記入（打ち込み）が子ども（生徒）に指示されます。子ども（生徒）は心得たもので、教師に評価されるであろう「振り返り」をまとめます。

これでは、「主体化」ではなく、徹底した「社会化」が行われることになってしまうのです。

イギリスやスウェーデンの教育のように、主権者教育・シティズンシップ教育という観点からの、教育全体の組み直しが求められます。

6. 限界性の強いものであった有権者教育

さて、あらためてこの間の有権者教育をどのように変えていくべきなのかをまとめてみましょう。

まず一つ目は、教師が子ども（生徒）に一方的に教え込む、子ども（生徒）を動かすだけの授業を転換することです。

これが最も難しい課題でもあるのですが、子ども（生徒）はその気になれば、様々な情報を入手することができる時代です。中にはフェイク情報もあり

ますが、本質を突く言説や、深く考えさせられる情報・事実と出会うこともあると思います。そのような出会い・経験をこそ大事にし、授業の内外に入れていくことが必要でしょう。

　二つ目は、有権者教育＝選挙教育を転換することです。

　選挙制度や投票方法を学ぶことに意味がないわけはありません。選挙制度や投票方法の学習にとどまってしまうことが問題なのです。

　実際の選挙の争点を調べ、政党や候補者の主張をチェックするだけでも、関心は高まります。自分の進路・希望の職業と関係する政策について調べた18歳の高校生の投票率は100％近くになります。政党や候補者に質問を送り、回答をもらうという取り組みは政治をより身近なものにするでしょう。

　そして三つ目は、選挙以外の政治参加の学習と行動をつくりだすことです。請願権、集会・デモの仕方の学習も重要です。

　そして、実際の今現在、近い将来の社会課題について調べ、動いてみることを推奨することもやってみてはどうでしょうか。

　他人事から自分事に政治を変えていくこと。このことが真の主権者教育を生む入口です。

第3章
高校・社会科（公民科）における主権者教育

山本　政俊

1. 社会科教育とは何か

　社会科（高校では地理歴史科、公民科）とは何でしょう。どうして社会科は学校で学ぶ科目として設定されているのでしょう。今、社会科の授業とは何を教え、どうあるべきと考える必要があります。

　学生たちに社会科のイメージを尋ねると概ね次のような返答が返ってきます。「教科書を読んで暗記してテストで答える」「試験で点数が取れるから社会科が好きだった」「授業でやるワークもテストも穴埋めのものが多く、深く考える必要のない楽な授業だった」

　だから「どの先生が教えても同じようなもの」「暗記しやすい授業をすればいい」と社会科の教職課程を履修する学生もいます。時には、社会科の道徳化進行の影響でしょうか、「社会科は、社会全体のルールや役割、マナーを学んでいくための教科」と考える学生も登場します。

　本多公栄は『転機に立つ社会科』（1988）において、社会科の目標は「地域社会・国の主人公にふさわしい主権者になるための科学的社会認識の基礎を育てる」こととしています。

　大学入試センター試験の「政治・経済」では、長沼ナイキ基地訴訟、全逓名古屋中央郵便局事件判決、三菱樹脂事件判決、津地鎮祭訴訟判決が出題されています。センター試験の「現代社会」では、住基ネット判決、「石に泳ぐ魚」事件、国籍法の非嫡出子国籍取得制限事件判決、議員定数不均衡訴訟などが問われたことがありました。

　主権者にとって、憲法は必須の知識でなくてはなりませんが、それは物知りになるためではありません。憲法とは何か。法律とはどう違うのか。現実に起きていることを憲法のめがねでジャッジし、正していくこと。人権侵害や理不尽なことがあれば、憲法をツールとして時には異議申し立てをすることができる素養を育てること、これが求められるのが憲法教育であり、主権者教育なのです。

　15回の講義やワークショップを通して、被教育体験を問い返し、自らの学習観を転換した学生たちは、次のようにレポートを書いています。

　「社会科は問題の本質に着目して物事を考えられる力を育てるための教科だと思っています。国民主権、民主主義の持つ本来の意義を理解し、適切に行使することができるような人を育てることが社会科教育における1番重要な目的だと思います」

　「日本は軍国主義や極端な国家主義が原因で戦争を起こしたから、もう日本で戦争が起きないように平和・民主主義・人権の尊重が実現する社会の担い手を育成したい。生徒たちには、戦争が起きて自由な言論や思想が奪われてしまったり、少数意見が排除され単純な多数決で勝手に決められたりしないように、日頃から政治に少しでも関わっていこうと伝えていきたい」

2.　社会科のめざしたもの

　日本が先に行ってきた戦争は、1942年12月1日に米ルーズベルト、英チャーチル、中国蔣介石により発表された「カイロ宣言」により、「侵略」と規定され、これはポツダム宣言（1945年7月26日）に受け継がれました。ポツダム宣言には、「三大同盟国ハ日本国ノ侵略ヲ制止シ且之ヲ罰スル為今次ノ戦争ヲ為シツツアルモノナリ」とあります。

　宣言を受諾して敗戦した日本は、日本軍を武装解除して軍国主義を除去し、平和と民主主義、基本的人権を確立する国家をめざすことになります。民主主義日本の建設のためには、大日本帝国憲法はふさわしくないとされ、1947年から施行された日本国憲法は、侵略戦争反省の立場に立ち、前文で「政府の行為によって再び戦争の惨禍が起ることのないようにすることを決意」して制定

されました。

　そして平和で民主主義の日本の建設には教育の力が必要だとして、「教育の憲法」と言われる「教育基本法」が定められたのです。旧教育基本法（1947年）には「民主的で文化的な国家を建設して、世界の平和と人類の福祉に貢献しようとする〜この理想の実現は、根本において教育の力にまつべきもの」と書かれています。

　戦前の軍国主義教育は否定され、「修身」（忠君愛国の道徳）「国史」（皇国史観）「地理」は廃止され、日本国憲法と旧教育基本法の理念に反するということから「教育勅語」は衆参両院で失効・排除されました。1947年、アメリカの（Social Studies ＝「社会研究」）を参考にして登場した社会科は、日本国憲法の理念である「民主主義」と「平和」を建設するための教科として導入されました。

　社会科は1920年代の J . デューイの教育思想、子どもの問題解決能力を育成する学習カリキュラムに影響を受けています。当時の「学習指導要領社会科編（試案）」には「今度新しく設けられた社会科の任務は、青少年に社会生活を理解させ、その進展に力を致す態度や能力を養成すること」「そのために青少年の社会的経験を、今までよりも、もっと豊かにもっと深いものに発展させていこうとすることが大切」「特に社会科は、民主主義社会の建設にふさわしい社会人を育てあげようとするものである」と書かれています。

3.　批判力が消えた公民科教育の学習指導要領

　1956年版の高校学習指導要領『社会科』の目標は以下のように記述されています。

> 　現実社会の諸問題について、それを、それぞれの分野における諸科学の成果に基づき、さらに世界的視野に立って、明らかにすることによって、当面する課題を科学的、合理的に批判し解決していくことのできるような能力や態度を身につけ、有能な社会人としての資質を育成しようとするものである。

　ここに「当面する課題を科学的、合理的に批判し」と「批判」という文言がありますが、それは、1970年版の高校学習指導要領『社会科』の目標にも受け継がれました。

> 　現代社会の諸問題に関する基本的事項を理解させて、社会生活の諸問題を正しく判断する能力を育て、<u>健全な批判力をもってこれらに対処しようとする</u>態度を養う。……社会に関する問題について、科学的、合理的に研究して自主的に解決していこうとする態度とそれに必要な能力を養う。

　このように当時の高校の社会科では、「社会生活の諸問題」を「健全な批判力をもって」「対処」する態度を養おうとしていたのです。ところが、1978年版の高校学習指導要領『社会科』の目標は以下のようになりました。

> 広い視野に立って、社会と人間についての理解と認識を深め、民主的、平和的な国家・社会の有為な形成者として必要な公民的資質を養う。

　ここでは、「現代社会の諸問題」という言葉がなくなり、「合理的に批判し解決していくことのできる」「健全な批判力をもってこれらに対処しようとする」と記載されていた「批判力」という文言も消えました。代わって登場したのが、「判断力」という言葉です。この時に新設された「現代社会」（1学年必修で4単位）の目標は以下のようになりました。

> 　人間の尊重と科学的な探究の精神に基づいて、社会と人間に関する基本的な問題についての理解を深め、広い視野に立って、現代社会に対する判断力の基礎と人間の生き方について自ら考える力を養うとともに、人間生活の向上を図り、進んで国家・社会の進展に寄与しようとする態度を育てる。

　ここでは、「現代社会の諸問題」は、「社会と人間に関する基本的な問題」へ変更され、「人間」という文言と「基本的」が挿入されています。文部省はこ

れを多様化する生徒への配慮だとしました。「判断力」そのものではなく、判断力の「基礎」となったのです。穿った見方をすれば、お勉強の苦手な生徒は「判断」（できないだろうから）せず、「人間の生き方について」どう生きるかだけを考えて、進んで国家・社会に尽くしなさいというのでしょうか。「国家」という文言もここで初めて登場しました。

　ところが、教育現場では、この新科目「現代社会」を生徒たちにとって、学びがいのあるいいものにしたいという多様な取り組みが広がりました。「現代社会」では「地理」「歴史」を踏まえて現代社会の諸課題について主題やテーマを設定し、問題解決的なアプローチが可能でした。社会科の総合性を生かしながら教師の自由裁量で授業ができるのが魅力でした。大津和子の『社会科＝一本のバナナから』（1987）は代表的な実践です。

　文部省が意図した「生き方あり方」教育の目論見は現場には浸透しなかったのです。そこで、文部省は1985年当時実施されていた共通一次試験から「現代社会」を除外しました。「現代社会」を学んだら社会問題を考える高校生になるかもしれない。大学入試からはずせば、高校では真面目に取り組まなくなるだろうと考えたのかもしれません。翌年1986年には、とうとう必修からはずし、学年配当も自由にしました。その結果、入試科目でないなら、選択なら「政治経済」と「倫理」のほうが教えやすいと考える現場の先生もいました。この「現代社会」の登場で、「現代社会の諸課題」についての学習が広がるのではないかという可能性があったにもかかわらず、結果として高校の社会科では、相変わらずの制度や法律名の用語暗記を強いられる知識貯金型の授業を脱却するには至りませんでした。

　1989年の高校学習指導要領は、大きな改訂となりました。小学校では1年生と2年生の「社会科」と「理科」が廃止され、新たに「生活科」が設けられました。社会を観る目の基礎より、決まりを守ることが大事とされました。高校では、社会科が「地理歴史科」と「公民科」に再編されました。公民科の目標は以下のようになりました。

> 広い視野に立って、現代の社会について理解を深めさせるとともに、<u>人間</u>
> <u>としての在り方生き方</u>についての自覚を育て、民主的、平和的な国家・社
> 会の有為な形成者として必要な<u>公民としての資質</u>を養う

　ここでは、「現代の社会について理解を深めさせる」だけで、社会についての「判断力」も不必要で「人間としての在り方生き方についての自覚」が前面に出た、より道徳の色合いが強いものになりました。

　このことに対して、民間教育研究団体からは社会科の「民主主義」「平和」「自由」「人権」の理念を「解体」するものだと強い批判が起こりました。社会科「解体」によって、教科が異なるのだからと教育職員免許法も改訂になり、「地理歴史科」と「公民科」２つの教員免許状を取得するようになりました。

　社会科という枠組みが「解体」されると、歴史は歴史で完結させるのですから、例えば岸田俊子が男女同権を主張したように、自由民権運動が今の日本国憲法に影響を与えたという視点で教えなくなります。大日本帝国憲法にはなかった「学問の自由は、これを保障する」（日本国憲法第23条）は、京大滝川事件や美濃部達吉の天皇機関説弾圧など学問の自由が侵害された歴史と結んでいなければ、その意味を深くは理解できないのです。

　表面的に「人権とは……」と授業をしても、多くの生徒には流されて心に刻まれないのではないでしょうか。人権は歴史の中で勝ち取ってきたものです。フランス革命の歴史を知り、人権宣言のなかで謳われた平等や国民主権や所有する権利が日本国憲法の中に流れていると気づいたとき、生徒たちは目を輝かせて学び始めるのです。

　同様にアメリカの独立戦争や独立宣言の歴史を知っていても、南北戦争のリンカーンの演説を知っているだけでは主権者として生きる力にはなりません。「人民の人民による人民のための政治」というスピーチの哲学が「そもそも国政は、国民の厳粛な信託によるものであって、その権威は国民に由来し、その権力は国民の代表者がこれを行使し、その福利は国民がこれを享受する」と日本国憲法前文に結実していると気づく学びが求められます。だからこそ、歴史と公民は一体のものとして（つまり社会科の枠組みで）とらえる必要があると考えます。

4. 批判力を重視しない学校教育

　2022年に出版された中高生・親・教師 3,000人の声を集めた『校則に言いたい』（新日本出版社）によれば、「校則をなぜ守らなければいけないのか」について説明を受けた生徒は43.7％に過ぎません。しかも、その説明は「社会に出るときに困るから」21.5％、「校則だから」11.6％、「就職・進学のため」11.6％、「集団生活の安心・安全」が11.4％で、その「説明に納得していない」が71.5％を占めています。この調査の結果からは、「なぜだめなのか」「おかしいんじゃないか」と生徒たちが疑問に思っても、その声が吸い上げられず、従わされている学校の空気を垣間見ることができます。

　日本の学校教育の現状について、OECD（経済協力開発機構）が実施している『国際教員指導環境調査（Teaching and Learning International Survey：TALIS）』があります。第3回調査は、2018年に実施され、日本を含む48か国・地域が参加しました。

　この報告書によると、中学校の指導実践「批判的に考える必要がある課題を考える」という項目では、「しばしば」または「いつも」行っていると回答した教員の割合は、コロンビア87.5％、ブラジル84.2％、南アフリカ共和国は83.1％、アラブ首長国連邦82.4％で80％を超えています。アメリカ78.9％、オーストラリア69.5％、イタリア67.7％、イングランド67.5％、ロシア59.7％、韓国44.8％で、OECD31か国平均は58.1％です。日本は12.6％で圧倒的最下位です。小学校教員の場合はさらに低く、11.6％でした。

　TALISには「明らかな解決法が存在しない課題を提示する」という設問もあります。この項目でも自らの授業において「しばしば」または「いつも」行うと答えた日本の教員は、小学校で15.2％、中学校で16.1％という結果です。参加国の平均は中学校教員37.5％、小学校教員36.6％ですから、こちらも批判的思考と同様、国際的に最低レベルです。

　小中学校時代に批判的な思考をするトレーニングを十分に受けていない子どもたちが、高等学校に入学してきます。そこでの「公民科」の学習指導要領からはかつて存在していた「批判力」がなくなっている。これでは今の政治に「そんなものだろう」とうまく適応することだけ考えて生存を確保し、よりよ

くするためにはどうするかという視点は持てないでしょう。毎日がせいいっぱいで余裕がなければ、考える時間や機会も奪われていきます。多少の不満があっても、どうすればいいかわからない。希望を見いだせなければ、現状維持、肯定になります。多忙であれば、面倒だし「別にいいんじゃない」と有権者になっても投票行動をしようとしないのも頷けます。

　「批判」は、三省堂の大辞林では「物事の可否に検討を加え、評価・判定すること」「誤っている点や良くない点を指摘し、あげつらうこと」と説明されています。

　楠見孝によれば、批判的思考において大切なことは、第1に、相手の発言に耳を傾け、証拠や論理、感情を的確に解釈すること、第2に、自分の考えに誤りや偏りがないかを振り返ることとされます（楠見孝「良き市民のため批判的思考」）。批判的思考は「クリティカル・シンキング（critical thinking）」とも呼ばれ、問題解決能力、コミュニケーション力と並び、21世紀以降の国際社会を生き抜くために欠かせない「21世紀型スキル」のひとつに挙げられています。

5.　新科目「公共」を主権者教育のチャンスに

　文部科学省は2018年3月30日、学習指導要領を公示し、高校公民に新科目「公共」が誕生しました。新科目の誕生は、1978年の学習指導要領改訂で、「現代社会」が設置されて以来40年ぶりでした。

　2022年度から実施されている「公共」はどのような経過で登場したのでしょうか。2006年12月22日制定施行された改訂『教育基本法』では、その前文で「民主的で文化的な国家を更に発展させ」「世界の平和と人類の福祉の向上に貢献する」「この理想を実現するため、個人の尊厳を重んじ、真理と正義を希求し、公共の精神を尊び、豊かな人間性と創造性を備えた人間の育成を期する」「伝統を継承し、新しい文化の創造を目指す教育を推進する」と書かれています。そして、第2条、教育の目標で「公共の精神に基づき、主体的に社会の形成に参画し、その発展に寄与する態度を養う」「伝統と文化を尊重し、それらをはぐくんできた我が国と郷土を愛するとともに、他国を尊重し、国際社会の平和と発展に寄与する態度を養う」を掲げました。

　「公共」という文言は、自由民主党が政権を離れていた野党時代に出した自民党政策集「Ｊ－ファイル2010」の中にも見ることができます。その中に「道徳教育や市民教育、消費者教育等の推進を図るため、新科目「公共」を設置します」とあり、これを受けて政権復帰後の「Ｊ－ファイル2013」では、『規範意識を養う教育の推進と新科目「公共」の設置』の項目で次のように記述されています。

　「人が人として生きるうえでの規範意識や社会のルール、マナーなどを学ぶ道徳教育については、道徳の特性を踏まえた新たな枠組みにより教科化し、誇るべき先人の伝記を学ぶなどわが国の伝統に根差した指導を充実します。また、高等学校において社会参加や消費者教育の推進を図るため、新科目「公共」を設置する」

　つまり、新科目「公共」には、わが国の伝統に根差した規範意識を養う高校版道徳としての役割が期待され、18歳選挙権実施を見越して、国家及び社会の責任ある有為な形成者として社会参加を求める「主権者教育」や新自由主義のもとで、自立して賢く生きる実践的な教養を身に付けた消費者を養成したいという思惑が見え隠れしています。

　「公共」の目標は冒頭で「人間と社会の在り方についての見方・考え方を働かせ」とあり、その在り方、見方、考え方を持って、「現代の諸課題を追究したり解決したりする」とされ、「現代社会」がまず「広い視野にたって、現代の社会について主体的に考察させ，理解を深めさせる」としていた点から鑑みるなら、道徳的色彩をより全面に出した目標になっています。

　内容は「Ａ　公共の扉」（以下Ａと記す）「Ｂ　自立した主体としてよりよい社会の形成に参画する私たち」（以下Ｂと記す）「Ｃ　持続可能な社会づくりの主体となる私たち」（以下Ｃと記す）の３つからなります。学習指導要領解説公民編（2018年7月）「公共」の解説によると「Ａ　公共の扉」は、この科目の導入として位置づけられており、Ａの学習を踏まえてＢやＣの学習が行われるように特に留意するとあります。以下問題点を指摘します。

　まず第1に、「公共的な空間を作る私たち」とありますが、その空間は「今まで受け継がれてきた我が国の文化的蓄積を含む古今東西の先陣の取組、知恵」によって形成されたもの」であり、「伝統や文化、宗教などを背景にして

現代の社会が成り立っている」とします。「公共的な空間に生きる人間は、様々な集団の一員としての役割を果たす存在である」「例えば、祭りなどの、地域で受け継がれている伝統行事に生徒が企画や準備の段階から関わっている場面を取り上げ」「地域の発展のために自らが果たす役割」を求められています。このように、「公共的な空間」に対する問題意識や批判的な視点はなく、「公共的な空間」に適応していく「人間としての在り方」が期待されているのです。

　第2は、「公共的な空間における基本原理」として「自由・権利と責任・義務は切り離すことができない関係にある」としていることです。世間では「自由や権利ばかり主張して義務を果たさない。わがままだ」とか「義務を果たさないものに権利はない」などの言説が見られますが、納税の義務を果たせないからといって、生存権で保障された生活保護を受給する権利を喪失するわけではありません。むしろ納税の義務を果たせないほど困窮しているから保護が要請されるのです。保護する子女に普通教育を受けさせる義務を果たせないからといって、参政権や請願権を行使できなくなるわけではありません。このように考えれば、権利と義務は別個の概念なのですが、何ゆえに権利主張や権利行使を忌避するのか。それは、憲法で保障された「個人の尊重」を身に付けた個人の権利行使は、社会を多様化させ、国家や企業へ従順に帰属しなくなると怖れているからではないかと勘繰りたくなります。

　「公共」は法や規範の遵守を求め、法や規範に基づいて、利害を調整することに主眼が置かれています。実際Bでは、「日本国憲法」の言葉は消滅し、基本的人権や国民主権、平和主義もありません。「憲法の下」が2か所あるに過ぎず、日本国憲法についての記述・項目は大きく後退しています。あるのは「国家主権」「領土」「我が国の安全保障と防衛」「国際貢献」と国家が前面に出ています。

　学習指導要領の「公共」には「主権者」という用語はありませんが、「学習指導要領解説公民編」（2018年7月）では、「主権者教育において重要な役割を担う教科である公民科として、選挙権年齢の引き下げなどを踏まえ、「公共」については、全ての生徒が、原則として入学年次、及びその次の年次の2か年のうちに履修すること」としています。

　社会科・公民科の目標は「平和で民主的な国家及び社会の有為な形成者として必要な公民としての資質・能力を育成する」ことです。現実の社会の問題に関心を持ち、疑問があれば自分で調べて考察し、自分なりの意見を持って民主主義社会建設に寄与する。私たちは、「公共」をそのような新しい主権者教育の科目として育てていきたいと思います。

6.　政治的中立性とは

　最後に教育の「政治的中立性」の理解について考えます。中学校学習指導要領から「多面的」・「多角的」に考察するという文言が登場します。授業をつくる際にメリット、デメリットで思考のバランスをとろうとする傾向もあります。ですが、メリット、デメリットなどはどの立場から見るかで変わってくるものです。だから、自分はどの立場から社会の課題に目を向け、解決しようとしているのかは常に意識していなければならないのです。

　高校学習指導要領の「公共」の解説では「日米安全保障条約や我が国の防衛、国際社会の平和と安全の維持のために自衛隊が果たしている役割」を「理解できるようにする」とあります。自衛隊の存在は、憲法9条をめぐる存在としての両論併記ではなくなりました。3人の憲法学者が国会で違憲であると発言した集団的自衛権を、行使できると閣議決定して教育現場に押し付け、教科書に記載させた事例などを見ると、「国家主権」「領土」「我が国の安全保障と防衛」「国際貢献」などにおいては、「多面的」・「多角的」に考察させるのではなく、政府の重要な政策や政府見解だけを肯定的に理解させることになるのではないかと懸念します。このように「公共」には、国家の一員として義務と責任をちゃんと果たす国民を育てようという「上から目線」を感じます。それは戦前の「お国のために」に通じる道でなければいいのだが、と考えるのは杞憂でしょうか。

　「公民」の教科内容は政治と経済を扱います。「現代的課題」を取り上げます。制度や仕組みの用語を解説するだけの無味乾燥な授業では、社会のことがわかりませんから自分の頭で考えることもありません。これでは主権者は育ちません。社会の諸問題をどう見るかには様々な意見があります。ただし、「教

える内容」が偏向だ、「偏っている」と言われる非難は避けたい、だから「政治的中立」でなければという意識が教師にはどうしても働きます。そして、前述したように、政府見解だけが「正しく」、閣議決定されたもののラインで教科書記述が求められると、判断基軸がどんどん権力側にすり寄っていくことになります。

　「政治的中立」が教師に要請されていると誤解する人もいますが、それは権力の側に要請されているものです。佐貫浩は「教育の「政治的中立性」とは、歴史的にみて、何よりも、権力は教育内容や教育方法に関わって、その価値内容に干渉したり統制を及ぼしたりしてはならない、その意味で教育の内的な価値内容に対して権力（政府）は「中立」でなければならないという規範として存在している」「ただ、教師もまた、自分の価値判断を生徒たちに押し付けるような教育を行ったのならそれは教育の方法としても間違いである。生徒たちの価値判断の自由の保障がされなければならない。論争的な政治選択課題の学習において、対立的な一方が正しいと結論づけたり、自分が正しいと考える一方の側の資料だけを提示して生徒に考えさせるような方法をとってはならない。教師の価値観や判断を押し付けないという意味で「中立」という立ち位置をとらなければならないのである」と指摘しています（佐貫浩（2016）「高校生の政治学習と「教育の政治的中立性」」教育科学研究会編『18歳時代の主権者教育を創る——憲法を自分の力に』新日本出版社：p .13）。

　つまり、自ら考え、自ら判断し、社会に参加していく18歳時代の主権者教育を創るにあたっては、問題にどう向き合うのかの教師自身の自主性、主体性、創造性が欠かせないのです。

第4章
中学校・社会科における
主権者教育

平井　敦子

1. 中学校の社会科と主権者教育

　「中学校社会科教師を苦しめるもの」「膨大な分量の指導内容を、限られた時間でどうするか」「日常的な評価資料をとらなければならない、でも100人分以上の提出物やテストの度々の点検は勤務時間を圧迫し……」と挙げたら切りがない状況です。もちろん、授業づくりの時間がない！

　そんな疲弊感を感じる学校現場ですが、社会科教師として「こんなに楽しくて、やりがいのあるシゴトはなかなかない」と実感しながら過ごしたいものです。教師自身も豊かになるような、授業づくりを楽しめるような「何か」が必要です。

　今回のテーマは、中学校の「主権者教育」です。あえて言うならば、地理的分野、歴史的分野、公民的分野の三分野すべてを貫く「社会科教育」そのものの柱が主権者教育です。どうしても公民的分野の政治教育などに矮小化されてしまいがちですが、中学校の先生として、毎日実践しているその1時間、1時間の積み重ねを「主権者教育」と意識していることが大切ではないでしょうか。私と共に学んだ卒業生は、社会科授業3年間を振り返ってこんな印象を語っていました。

　　○社会に出て、一人前の人間として知っておくべきことを習った感じもする。今まで3年間学んだことを知らずに、毎日のほほーんと過ごしていたら、かなり無責任だったかも。

○知らないことを知り、次に生かすことができる教科で楽しくてたまらない授業でした。また世界の暗い部分を知ることができた授業でした。そして暗い部分を知ることで、解決策やどうすればより良くなるのか、自分で意見を持てるようになったと思います。

○過去を知り、現在を見据え、未来を作るための授業だった。

12歳で入学してくる１年生が、卒業するまでの３年間の変化は、まさに心身ともに大きく成長します。この時期に学び吸収する姿は、教師にとって喜びであり、社会の希望でしょう。それなのに、現場では教科書「を」教えることに追われ、また学びの出口さえも既成の問題集や、入試に目標を置いてしまうような授業が多くなりがちです。大学で教職を学んで教師になっているのですから教科書「を」教えるのではなく、教科書「で」教えるのだとわかってはいても、です。

教科書は厚く、内容は膨大。学習指導要領で課せられる目標や課題は、生徒がゆっくりじっくり関心を広げ、成長するスピードなど配慮もしていないような高みにあります。「主体的に」という言葉が、指導要領にも評価基準にも大量に出てきますが、主体的になることさえ生徒の自己責任で「評価」されてしまうような本末転倒な学習になっていないでしょうか。

「学ぶ主体は生徒である」ということを教師が意識するならば、目の前の生徒にとって、どんな学びが必要なのか、指導法のプロである教師の「腕の見せ所」とやりがいが涌いてくるでしょう。そしてまさに「主権者教育」の最初の必須条件は、ここにあると思うのです。

2. 民主主義という歴史のバトン

歴史学習は「主権者教育」において、重要な柱になります。それはこの社会をどう創るのか、どう生きていくのか、自らがこの社会の主人公であることを実感してこそ主権者教育だからです。

私は、歴史学習で学ぶことは「人間に対するリスペクト」であり「人権獲得への長い道のり」だと感じています。たとえば、「打製石器」という用語を暗

記するよりも、「現代っ子の自分にはこの技術はかなわないな」と感じたり、どんな時代のどんな厳しい環境でも「知恵と力をあわせて暮らしを成り立たせたんだな」と感嘆したり、そういう「人間」を感じる勉強ができたらと思います。

　また、権力者の名前を暗記するよりも、その政治がその時代を生きた民衆にとって、より良い暮らしをもたらす福音なのか、それとも……と考える時間を持ちたいものです。特に時代の転換点の学習では、次の政治にどんな期待をするのか、当時の民衆の生活に寄り添って次の時代を考えてみるような授業を構想することで、歴史がすでに決まっている事実を確認し暗記する学習から、次はどうする？　どうなる？　とわくわくするような学習ができるでしょう。

　そしてこのような人々が積み重ねた歴史の痕跡を「地域」に見いだすことができたなら、生徒にとって一気に「歴史を自分事に」することができます。

　地理的分野にも、歴史的分野にも、「身近な地域」を学ぶ単元があります。生徒たちに「歴史とつながる自分たちへの気づき」を教えてくれる小さな碑、神社、水田や畑、地名、今につながる歴史を示すものが地域には数多くあります。自分達の今いるこの「土地」で、先人はどんな経験をしてきたか、何を願ってきたか、どう困難を克服したか、また豊かな生活をどんな技術、どんな地域社会をつくって次世代を育ててきたか。地域の偉人を扱って学習するときも、その時の名も残さなかった「人々」を考えることを教材に組み込むことです。

　2011年3月11日の東日本大震災の時、先人の残した碑の存在が被災後に再認識された、という話が多くありましたが、教師が地域の先人が残した「バトン」をひきついで生徒たちの世代につなぐ役割をおろそかにしてはいけないという教訓でしょう。教師は、まず着任した学校の地域を調べ、地域を歩いてほしいものです。

　さて、憲法第97条に「基本的人権は、人類の多年にわたる自由獲得の努力の成果」「現在及び将来の国民に対し、侵すことのできない永久の権利として信託された」ものと謳われています。現在を生きる生徒たちも「将来の国民」にバトンを引き継ぐ自覚がほしい。そのためには特に近代史学習を通して、自由獲得の努力や、幾多の試練を乗り越えた先人に「共感」する学習が必要で、

それをテストに出題される語句や数字で終わらせてはなりません。

　私は「わが家の100年年表」という調査課題を、近代史に入る時期に課すことにしています。実は近代史といっても、日本でいえば200年弱です。一人100年近く生きる時代に、今生徒が実際に手を握ることができる可能性がある、祖父母や曾祖父母の人生を聞くことで、あっという間に100年という時が「自分事」に迫ってきます。時には100年以上遡って調査もできる生徒がいます。個別調査ではありますが、仲間が聞き取ってきた「証言」を学級で共有することで、一緒に時代を感じることができ、教科書に載っている100年分の歴史が「人間味」を帯びて、深く学ぶことにつながってきました。

　「父親が農民運動をやっていて警察が来たらあわてて書類を隠したものだ」「台湾のバナナを仕入れて樺太に売りに行って大もうけした」「関東大震災で勤め先が倒壊し北海道に移住した」。遠い昔の出来事だったものが「おじいちゃんが、お父さん（曾祖父）から聞いた話」として孫が聞き取ってきます。「戦争体験を聞き取ってきましょう」という課題はよく聞かれますが、そういう指示をしなくても、すべての生徒の歴史に「戦争」はつながってきます。その時代、政治に影響されない民衆の生活というものはないのです。「憲法？　食べるのが精一杯で覚えていないな」「女も投票できるって、それだけは本当にうれしかったね」。私たちが今、「国民主権」で「基本的人権」があり、「平和主義」を掲げる国であることの、価値や意味を考え、バトンを継ぐことができる、そういう歴史の学び方を工夫できるといいなと思います。

　主権者教育という、社会科の意味を考えたとき、このように歴史を学ぶ中で言葉として「人権」を持ち出さなくても、市井に生きる一人ひとりの生活が「人として」尊厳をもって生きる社会を渇望し、生み出していく原動力になったことを底流に感じることで、先人が築いた「民主主義」の「主権者」として学ぶ意味の重さを感じられるでしょう。そう考えると「人権思想」や「民主主義」という制度が、近代ヨーロッパ由来としてコピーされたり、押しつけられたものという単純な理解にはならないはずです。

　1853年といえば、ペリー来航の年として記されます。日本近代の黎明期のその年、南部三閉伊一揆が起こっています。東北の民衆一揆ですが、その一揆を経た栗林村の三浦命助が獄中で残した言葉を紹介しましょう。「人間と田畑

を比ぶれば、人間は三千年に一度咲く、優曇華（うどんげ）なり。田畑は石川原のごとし。石川原を惜しみ優曇華を捨てるがごとし。右の通り大誤りをいたしべからじ候」と。何か大事があれば田畑を売ってもかまわない。しかし、命は捨てるな。人間は三千年に一度咲く優曇華だと。この人間賛歌の思想にも、人権を求め闘った「多年に渡る努力」をみることができるのではないでしょうか。

3.　日本国憲法とどう向き合うか

　大日本帝国憲法成立時の授業では、自由民権運動という大きな闘い、憲法をつくるならこういう憲法だろうという多くの私擬憲法など、私たちの国で盛り上がった運動過程に位置づける授業になりますが、1947年の日本国憲法制定時の学習はどうでしょう。敗戦、占領、マッカーサー命令、だけでしょうか。弾圧された大正デモクラシー時代の運動の系譜が、やはり政党や民間の憲法案や帝国議会の議論にしっかり見えるのではないでしょうか。そんな歴史学習を背景にしながら「今」を生きる自分として、どう「日本国憲法」に向き合うのか、公民的分野での学習について紹介します。

　問い「あなたは、国家の名誉にかけて、全力をあげて崇高な理想と目的を達成することを誓うことができますか」。これが公民的分野の第2章にあたる日本国憲法の、「前文」の授業課題です。たしかに70年以上前に成立した憲法ですが、古いのではなく現行憲法です。前文の最後の文である「日本国民は…誓う」は、まさに現代を生きる国民、生徒たちも胸をはって誓えるものか、という問いで学習を始めます。現実はそうロマンチックではない、理想にすぎない、などと揶揄していい程度の文章などではありません。理想に近づくようにがんばらないと、と主権者国民としてまず土台を作りたいものです。

　問い「○○は憲法を守らなければならない。もし守らない時は□□が守らせなければならない。　にあてはまる語句を答えなさい」。憲法第99条、「立憲主義」の学習です。政府＝権力を縛り、国民＝主権者が守らせる、という基本です。しかしこの問いを出すと、いつも「守れ」とばかり言われているせいか、政府と国民を逆に答えたり、国民が守らない時は警察が守らせる、という

恐ろしい答えまで登場します。その際、やはり歴史学習に立ち戻って「憲法」とは何かという理解を深め、前文の学習と、第97条の学習を関連づけて、日本国憲法の位置と構造を把握します。その上で、各章、各条文の理解が促されるのです。「国は」「国民は」「何人も」という責務や権利の主体について、注意しながらです。

　そのような学習をふまえて、憲法学習のまとめとして「憲法を撮ろう」や「憲法ジャッジ」という活動学習を行います。中3は受験用模試もあり、どうしても最低限の基礎知識を教えなければ、と条文偏重の授業になりがちです。しかし本来憲法が主権者国民が課した理想と目的をもった社会の実現のためのルールであるならば、自分達が暮らすこの社会がどのように憲法と結びついているか「見える」ことが必要です。そのためのアクティビティとして、課題を示します。

　近年は、スマホはもちろん、一人一台のPCを生徒は持っています。「身近にある憲法を撮影して提出。第何条のどんな権利や内容となぜ結びついているのか考察文をつけなさい」と課題を出すと、生徒たちの生活感覚、見ている景色がわかります。学校横の街路樹を撮影し、第25条の生存権があるから自治体は公園や街路樹を整備すると思う、と書いてきた生徒。スーパーの安売り宣伝チラシを撮影して、第9条の平和主義を手に入れたから戦時中のような統制や配給ではない自由があるんだと書いてきた生徒。お互いに交流し、身近な憲法をたくさん探してきます。一方でもちろん、憲法が侵害されているかもしれない、という写真も提示されます。

　また、新聞を生徒に渡して「憲法でジャッジをしてごらん」と指示します。今社会で何が起こっているのか、それは憲法が守られた社会になっているか「審判」になる練習です。主権者が政府に課した「憲法」というルールを政府が守っているか、守られず人権侵害されている状況が起こっているのか、人権侵害が放置されているのかと、見る目を育てます。私はよくスポーツに例えますが、憲法というルールを守って政治をする選手たちに、「ピッ」と笛を吹く審判が主権者国民です。数人で新聞紙面の記事を見ながら話し合い、赤青黄のジャッジシールを貼ります。「これはいいことだ、青だね」「これどういう意味？」「憲法どおりだったらこんなこと放っておけないよね、赤」と判断して

いきます。日常的に新聞記事やニュースレポートも課しますが、あらためて憲法の目線で読み解くと、もやもやした違和感などが、人権侵害じゃないか、民主主義としてどうだろう、などと見るようになるようです。政府の姿勢に異議申し立てをするデモ隊の記事には、政府の姿勢には「あやしいなあ、黄色」デモ隊には「そういうときに声をあげていいのだから、青だね」と、いろいろな見方もできます。

　憲法は、私たち主権者が、まるでスマホのように常に携え「より良い社会をつくる」ためのルールブックとして、いつも意識している存在になる、そういう意識で授業をすすめたいものです。

4.　頭良くなくちゃだめなの？──民主主義の根幹

　「憲法前文の冒頭、何という文言で始まる？」と授業で問います。そう「日本国民は、正当に選挙された国会における代表者を通じて行動し……」。国会での立法は主権者である日本国民の意思の反映です。わかりやすく言い換えれば、選挙で誰に票を投じるかといえば、「自分の代理人」としてふさわしいかどうか、なのです。そうなると、有権者となって票を投じるとき「自分の政治意思」がからっぽだと、誰を代理にしていいかわからない。

　選挙の時だけ、与えられたメニュー（争点）の是非判断をしているのではなく、この社会に生きているからには、日々「政治がそこにある」ので、困っていること、願っていること、様々な「思い」が形成されているはずです。その上で、自分の願う社会をつくる一票を、どう託すか判断するのが選挙でしょう。生徒も同様です。地理も歴史も、政治経済も、国際社会理解も、学びながら自分の政治意思を問い、形成していく学習です。ですから、教師は、どの単元の授業をつくる時も、「今学習していること」が現代社会の形成当事者として「生徒自身」の問題につながるよう、教材の工夫をします。

　公民的分野の政治学習は、たいてい中３の秋に行います。冒頭の問いの後「あなたはどんな願いを持っている？」と問います。もちろん当初はきょとんとするでしょう。でも、それを問い続けられ答える自分であることが、政治のトレーニングではないでしょうか。背伸びして難しい情勢を理解し、正解を考

察することを求めているのではなく、「あなたは？」と問うのです。

　中学校の社会科は、思っている以上に１年生の学習から、社会問題を色々考えるようになっています。それも「主体的に、より良い社会をつくるためには」と指導要領で難題をつきつけてくる。だから、地球環境問題を解決するのが自分の切羽詰まった政治要求だ、という生徒もいるでしょう。一方、親たちの長時間労働や、介護の問題に「どうにかならないか」と考えたり、学校の施設・設備をどうにかしたい、地域の商店街の衰退や治安が、食料品価格が、と「自分事」が政治課題ではないか、と気づくことにもこの問いはつながります。もちろん、憲法学習を背景に、権利として実現させたい、声をあげたい、そのチャンスが選挙だと気づくことも期待したいですね。そして直近の選挙広報をもとに、自分の代理として国会に推したい人は誰だろう？　と考えて貴重な自分の「一票」を投じる候補を選びます。自分の願いを実現するためならば、選挙広報に難しい政治用語が載っていても、「これどういう意味？」「うーん、自分の関心事にはこの候補はあまり興味をもっていないらしい」「教育とか、子どものため、っていうけど具体的に何をするか書いていないな」と深く考え始め、先の「自分の要求」には考えてもいなかった政治課題でも、読み込みながら重要だなと意識が変わってきたり、さまざまな学びをするでしょう。

　大切なことは、全部わからないと投票できないのではないということ。願う方向は人によって違っていいということ。大人たちが当選させた人が正しいのでもないということ、ましてや家族の政治傾向が次世代の子どもを拘束してはいけないのです。国政選挙での模擬選挙参加を、意識的に実践していますが、その際も「みんなで争点について考えよう」というような学習はしません。「今の自分の要求と照らし自分の代理人を選ぶこと」ができたら「素晴らしい」と評価し、またオトナとの結論の違いは「あたりまえ」で、生活経験も地域もさまざまな人の結果と、15歳の集団の傾向とは違う、と伝えます。将来、どんな仕事をしているか、どんな暮らし、どんな家族か、生活が変われば判断も変わります。その時の「主権者としての自分」の意思を反映する一票を投じることが重要なのです。

　さて模擬であっても生徒は、真剣に考え一票を行使します。投票した人が当選したらうれしいし、落選したらがっかり。それもオトナと同じです。「もし

も当選した人が期待を裏切るような政治をすすめたなら、次は落とす」そのために、これからが重要で国会での活躍や地域での活動をしっかりジャッジしていくのも有権者の責任、としめくくります。

これらの授業を通して印象に残った生徒のつぶやきがあります。

「ああ良かった、どうやってオトナは一票をだれに入れるか決めているのかと思っていた。自分の代理なんだから、選べそうな気がする」。受験勉強のような選挙学習、政治学習は制度ばかりの詰め込み。一票を投じるにはどうするか、の学習が本当に必要な学びです。

「先生、私、×はつけられないよ。だってみんな東大とか出ているんでしょう？」。これは衆議院議員総選挙の時に実施した「模擬国民審査」でのことです。最高裁の裁判官に不信任をつきつけることができるのか。「あなたの生活のこと、日々感じていること、東大を出て裁判官になった人はわかるのかな？」。権威や学歴やテストの点数の善し悪しが、政治を委ねる条件だとしたら、民主主義の根幹が崩れます。この社会で、日々暮らしている、その暮らしの上に「政治」があるのですから、15歳でも、成績が悪くても、そこに「投票にいってもどうせ」とか「私にはわからないから」とか、感じさせる学習には絶対にしてはいけません。根幹はすべての人に「人権」が保障される社会でなければならないということですから。「だから、あなたにも×をつける権利は十分にあるんだよ」と言うと、「そうか」とつぶやき難しそうな国民審査広報に向き合ってくれました。

5.　大人たちへの手紙を通して社会と結ぶ

現代は「少子高齢化」「経済低迷」「戦争」、国際的な「SDGs」の課題と"待ったなし"の課題を抱えています。憲法、政治、経済と各単元を学ぶにつれて諸課題に関して知識は増え、どうにか解決するように考察もするでしょう。しかし学校という場、教師や成績評価という枠を離れ、社会の一員として本当に向き合っていくには、背中を押す何かが必要です。

「どうせ」「自分なんて」ではなく、逃避せず、絶望せず、生きていく「武器」を与えるとすれば、「共に生きる人」への信頼や希望、そこにアクセスす

るほんのちょっとのアクションが、自分にもできるという自信をつけること。それが、義務教育の最終盤としての社会科教育の責任ではないでしょうか。

2021年12月、受験を控えた3年生に2学期までの学習をふまえて「大人達への手紙」を送ることを提示しました。一人一人の中に芽生えた疑問や、未来への希望をしまいこまず、それらの課題に向き合っている当事者としての「オトナ」に手紙を送ることにしたのです。実際に送付した彼らの手紙には、社会科担当の平井から次のような鑑を添えました。

「……中学生ではありますが、彼らもこの国の主権者であり、また3年後には有権者にもなります。昨今、若い世代の投票率の低下が問題となっている中で、彼らに芽生えた社会に対する課題意識と社会に参画していこうとする責任感の芽生えを、ぜひ温かい目で見守り励ましていただければ幸いです。社会の実際をよく知らず、授業時数も不十分なままで学びましたので、彼らの書くことの中には"理解不足"もありますし、失礼な表現もあるのかもしれません。しかしながら、この手紙文に教師の手をいれることはしませんでした。間違いや失礼な言葉は、教師である私の指導不足と免じて頂き、彼らのそのままの声を届けることにいたしました。

職務ご多忙の中、お読みいただくことができるだけでもありがたいのですが、もしも未来に生きる彼らに、お返事・メッセージをいただけるのなら、殊の外幸いに存じます。」

学年生徒約90人。担当している私も驚くほど熱心に手紙を書いていました。数々の授業で芽生えた疑問や、どうにかしたいという問題意識、彼らの言葉は「あなたに聞きたいんだ」というストレートな思いによって大人たちの心を動かしたに違いありません。手紙を送ってから、すぐに中学校に電話でメッセージを寄せてくれる方、一人一人に封筒入りのお手紙をくださる方、資料とあわせて丁寧な説明をしてくださる方、名のある大人たちが中学生の自分の声に応えてくれたという事実は、彼らが社会に希望を持つための財産になったに違いないのです。

「突然のお手紙をも差し上げます。私は地元の者です。国会議員である○○さんにぜひ作ってもらいたい法律があります。「国会議員の男女比率を定

める法律」を作って欲しいのです。なぜなら……」

　「……賃金が低いままだと日本の経済や社会の活性化が進まないと考えました。2000年からの20年は「失われた20年」と指摘されていることも授業で知りました。これから先の20年、30年は日本をより良くするような政策を次々出していくべきだと思いますし、賃金を上げるためには他国の政策を参考にしたり、声を上げるだけではなく「実現」することが大切であると思います……」

　これは地元選挙区から当選した議員への手紙です。校内の模擬選挙でも生徒の支持を集め当選した議員ですから、生徒の期待は大きいものでした。議員からはその後、生徒一人ひとりへの封筒入りの返事とあわせて、1月の衆議院予算委員会で手紙に綴られた生徒の声を紹介し、岸田首相とやりとりした様子が掲載された衆院議事録が送られてきました。

　ほかに、日本の難民認定のあり方に疑問をもった生徒は、出入国管理庁長官や法務大臣へ。日本が環境問題への対応で「化石賞」をとったことに疑問をもった生徒は、環境大臣に。ＬＧＢＴの差別を解消してほしいという生徒は、与党自民党に影響を与えることを期待して公明党の山口代表へ。このように政治関係者に様々な声を届け、省庁の担当者や各議員の皆さんから誠実な対応、返事がありました。また、労働者の権利保障がなぜ進まないのか疑問を持ち、地元の労働組合や弁護士に「法律があってもだめなのか」と手紙を書いた生徒には、メディアがとりあげない様々なとりくみや交渉の成果などとあわせ、生徒が真剣に意見を綴った手紙を読み「がんばらなければ」と励まされたと生徒に感謝の言葉も添えられていました。

　残念ながら、岸田文雄総理大臣へ、後藤厚生労働大臣へ、と手紙を書きましたが返事は来ませんでした。でも生徒たちは「そりゃあ忙しいから当然だ」「コロナ禍で返事どころじゃないだろう」と許容的。きっと生徒たちにとっては、上記のように返事をくれるオトナがいたことが奇跡なのでしょう、返事のない大人が一部にいたとしても、何かの事情によるものだと温かく推察するようです。社会に出たら、手を携えることができる人々が確かにいる。声を聞いて一緒に考えてくれる人がいる。それを今は教室にいる彼らに伝えることも、

教師の仕事だと思います。

6.　私たちの声を届けたい

　彼らの卒業間近の2月24日。10分休みの時間に3年生廊下はざわついていました。教室のTVでロシアがウクライナを爆撃した映像・ニュースを見てしまったのです。「とうとう始まったよ」「本当に戦争を始めた……」「先生どうなるの？」。不安な気持ちを抱えつつも彼らは受験間近。やっとすべての入試日程が終わり卒業までの1週間に最後の社会科授業があり、第6章「より良い社会のために」の活動として「市政への意見」を書く予定をしていました。しかし生徒から「他の相手でもいいですか？」という声があがり、再び彼らの意思で手紙を書くことになったのです。「書きたい」課題はたくさんあったのでしょう、一人1台のChromebookを駆使しながら、資料にあたり、意見にまとめていく生徒たち。その集中力は教師も驚くほどでした。12月にとりくんだ大人への手紙、この事実は彼らに、返事は無くとも、「間違いなく、読んでくれるオトナ」の存在を実感させていたに違いありません。

　■ロシアへ　僕は今15歳ですが、物心がついてから初めて戦争が始まった瞬間を目撃してしまいました。そして今回の件を通して改めてわかりました。戦争や紛争などは、外交、つまり話し合えさえすれば、血が流れる事態を避けることができる確率が0％ではないことを。

　　また今のロシアを見ていると、どうしても僕らの国である日本の姿が重なってしまいます。なぜなら約90年前、満州事変を起こし一方的に日本が満州国という国の独立を認めた、あの悲劇の繰り返しだからです。満州事変とウクライナ東部の紛争では、状況は全く違いますが、形から見るとやっていることは同じです。15歳の淡い願望ですが、ロシアまで日本と同じ道を辿ってほしくありません。歴史の授業で習った哀れな日本にまで成り下がらないでください。そしてこの戦争を世界のため、自分の国のために手を引いてください。この暗い悲しみの連鎖はどこまで続くのでしょうか。世界が明るくなる日を祈っています。　2022年3月4日　反面教師「日本」の15歳よ

り

■ロシア兵へ　あなた方は今、国から何を伝えられウクライナに攻め込んでいますか。「大統領の命令だから」ですか？　「ウクライナ東部の住民をウクライナ政府から守るため」ですか？　もしこのように伝えられているのなら、自分のしていることは正しいと思うかもしれませんが、国際的に見ると、何も正しくないと思う人が大半です。なぜなら、日本も昔、今のロシアのように、中国の人を助けるため、中国の日本人を守るためといって満州を制圧したからです。そのことで、日中戦争が起き、太平洋戦争へとつながり、結果、今でも国連に「敵国」として扱われています。今のままだとあなたたちのロシアが、敵国扱いされるし、あなた方が生きて帰ってきても、ずっとウクライナの人から批判の目で見られ続けますよ。あなたたちの子どもや孫にまでも続きますよ。それでもいいんですか？　私は中学校で戦争の歴史を学びました。そして戦争がどれだけ酷く残酷かを知りました。なので、もう同じ過ちを犯してほしくありません。もう一度考えてみてください。今、あなたたちは何のためにウクライナに侵攻しているのですか。

■Dear Mr. Biden Hello!

　私はニュースで、プーチン氏に対しバイデン氏やアメリカの国民が、ウクライナ侵攻、戦闘をやめさせたいと伝えているのを見ました。そしてプーチン氏がそれを賛成しなかったことについて疑問を持ちました。なぜプーチン氏は、ロシアより圧倒的に強いアメリカのいうことをきかないのでしょうか。それで私は思います。確かにプーチン氏は納得しないだろうと。

　プーチン氏は、ウクライナ国民に対し、攻撃をしている。そして人を殺害している。それはもちろん誰もが許せないことだ。しかし、"アメリカも過去に同じような事をしているではないか"と。それは2001年9月11日WTCがテロ事件に遭った後のアメリカのイスラムへの攻撃と似たようなものではないか……。そのため、プーチン氏は「アメリカも同じようなことをしているではないか」と思って、アメリカからの反対意見を受け入れないのではないでしょうか。私たち日本人がいえることではないと思いますが、まずそのテロに関してのことで、アメリカが反省してから、ロシアのウクライナ侵攻に対して反対するべきなのではないか、と思います。Warmest regards. I wish you the best of luck.

　生徒の中には、翻訳アプリを使用してロシア語の手紙を書いている生徒もいました。読んでもらいたい、とにかく目にとめてほしい、そういう思いなのでしょう。彼らの書き記す一語一語は、何かのコピペではなく、中学3年生までに学び、考えたことを、どうにか相手に伝えたいという強い意思の表れでした。こうして卒業間際に書いた手紙は、他の相手先の手紙とあわせ、ウクライナ、ロシア、アメリカ大使館へと送りました。当然返事は無いのですが、何も言わず傍観するだけで終わりにはしなかった、そのこともまた、彼らの確かな記憶になっているに違いないし、卒業後もその行方を注視するだろうと信じています。

7. 理想と夢をもって未来を拓く社会科を

　さて、今このテキストを読んでいる社会科教師のみなさん、教師をめざす学生の皆さん。生徒たちをこの社会にガンバレと送り出すことは、教師である私も含めて「共に」より良い社会をめざす仲間になること。「私は主権者としてどう生きているのか？」と教師が自身に問うことも必要です。教科書に掲載されている世論、表現の自由、デモ、組合、集会、署名……社会の諸課題に自分はどう向き合っているのでしょう。

　それにしても、現代社会は難しい。反知性主義、冷笑主義、諦観、と、手を取り合うよりも敵をつくってさげすむ風潮は、国家も個人も、閉塞感だらけ。自分が、教え子たちが、声をあげざるを得ない「当事者」になったとき、「当事者に、想像力をはたらかせず、エンパシーの欠落した社会」は怖い。民主主義の危機です。

　想像してください。「工場から汚染された排水が流れ出て、漁業ができないんです。病気になる人もいます」という切実な声。それはこの日本社会のどこか人口も少ない一地域のことなのかもしれません。「私には関係ない」と影響の出ていない圧倒的多数が、関心も持たず黙殺する社会。「セクハラを受けています。私の尊厳が傷つきました」と悲壮な怒りの声をあげる一人。「私はそ

んなことしていない」と必死の叫びの前を、笑顔で日常生活を送り素通りする人々。どうでしょうか？　そんな社会にしたいですか？

　「私たちの集落に、大規模基地が……」「保育園に預けられず働けない……」実は声をあげる人は、ほんの一人、ほんの一部かもしれないし、多くの社会問題で「当事者」は圧倒的少数派であることが多いものです。その時「どうしたの？」「そんな社会は変えなければ」「わたしがあなたのように傷ついていたら」と関心を寄せて、一緒に考え、改革へ手を携える「側」がたくさんいる社会が、人権や平和が大切にされ、幸せを実現できる社会ではないでしょうか。

　私たち社会科教師が育むべき「民主主義」の主権者は、そういう想像力や共感力、そして声をあげる人、声を聞き手を取り合う人を育てなければならないと思います。

　だから、教師である私自身が、そういう社会の一員であろうと生きることが大切であり、そこから「希望」「夢」「可能性」を実感し、語る明るさや強さが必要ではないでしょうか。「戦争の危機？　どうにかして対話できる、しなきゃ」「領土問題？　今までの常識じゃない方法を考えようか」。

　未来は、現在の常識の暗記からは生まれないじゃないですか。中学校の、地理、歴史、公民で、多くの「少数派である当事者」「人権、幸福を求めて声をあげてきた当事者」に出会うトレーニングを繰り返すこと、歴史の発展を信じて「未来を構想する自由」を教室に保障すること、そうすることで「主権者」として希望をもって生きることができる大人をひとりでも社会に送り出せるような気がします。

第5章
戦後社会科教育と主権者教育
——民間教育団体と学会による官製主権者教育の 相対化と批判の実相

星　瑞希

1. はじめに

　2015年に選挙権年齢が18歳に引き下げられると、文部科学省や総務省による官製の主権者教育が推し進められ[1]、「主権者教育」を冠する書籍が次々と発刊されたことで、主権者教育は近年の流行のように見えます[2]。しかし、戦後に誕生した教科社会科は当初から民主主義社会の形成者、つまり主権者育成を目標に掲げており、戦後日本において主権者教育は不易なのです（渡部、2020）。

　本章では不易の主権者教育史として戦後社会科教育史について論じますが、紙幅、そして筆者の能力の問題から、76年の戦後社会科教育史を幅広くレビュー[3]するのではなく、民間教育団体や社会科教育学に関する社会科教育学会に着目し、本書のコンセプトである官製の主権者教育にとどまらない主権者教育（研究）の実相の一端を明らかにすることを目的とします。2つの理由から民間教育団体や学会に着目します。1点目として、戦後社会科教育を牽引してきた社会科教師の多くは民間教育団体や学会に所属し、民間教育団体や学会に蓄積された学知に学びながら、自己の実践の研鑽を協同で行い、学知を蓄積してきたからです。実際に本書の執筆者のほとんどが民間教育団体に属している教師です（本書第4章参照）。2点目として（より重要な理由として）民間教育団体や学会の多くは官製の主権者教育にとどまらず、それを批判的に吟味し、時には対立しながら社会科実践を行い、学知を蓄積してきたからです。

2. 民間教育団体と主権者教育

　戦後に社会科が誕生するとすぐにいくつかの民間教育団体が結成されます。戦後社会科の誕生は、戦前の社会系教科が軍国主義的、非科学的な教育となったことの反省に立ち、民主主義教育の旗手としての役割を期待されたため、民間教育団体の多くでも民主主義社会の形成者である主権者育成のあり方が議論されました。そして、逆コースをはじめとして官製の主権者教育が非民主的な方向へと向かうとそうした動きを批判してきました。

　代表的なものとして1952年に設立した教育科学研究全国連絡協議会（のちの教科研：機関紙『教育』）、1952年に設立した日本生活教育連盟（日生連：機関紙『生活教育』）、1958年に設立した社会科の初志を貫く会（機関紙『考える子ども』）などがあり、その多くが今日まで精力的に活動を続けています（武藤、1997；赤沢、2017）。こうした機関紙を一瞥すると明らかですが、民間教育団体では団体内の先行実践に学びながら、新たな授業を開発したり、民間教育団体内（外）で社会科教育のあり方をめぐって論争したりすることで、社会科教育実践を蓄積してきました。本章では、1949年に設立した歴史教育者協議会（歴教協：機関紙『歴史地理教育』）に着目します。

3. 科学的な歴史認識を有する主権者の育成を目指す歴教協と本多公栄実践

　歴教協は1949年に、科学的な歴史認識を有する主権者の育成を目指し、歴史教育、社会科教育のあり方を検討するために誕生しました（武藤、1997）。設立趣旨書には「歴史教育は、げんみつに歴史学に立脚し、正しい教育理論にのみ依拠すべきであって、学問的教育的真理以外の何ものからも独立していなければならない……民主主義的実践的立場と目的こそが正しい歴史教育の根本の立場と目標である」とあり、学問的真理、つまり科学的な歴史認識に依拠して民主主義教育としての歴史教育（社会科教育）は行わなければいけないという当会のスタンスを伺うことができます。

　本章では、数ある歴教協の実践の中から本多公栄の実践に焦点を当てて、官製の主権者教育にとどまらない主権者教育の実相を探索したいと思います[4]。

本多は東京都の中学校社会科教師でしたが、主権者教育実践のみならず、歴教協のオピニオンリーダーとして官製の主権者教育批判にも積極的に関与してきました。例えば、1970年代には産業構造の変化などにより地域社会が急激に変容し、人々の生活の場が大きく揺らいだことから、歴教協をはじめとする民間教育団体が地域のあり方を検討することに重きを置いた「地域に根ざす社会科」を提唱すると、1977年版の学習指導要領においても地域学習が強調されるようになります。しかし、それらは地域の人々や先人の努力に感動する授業であり、時代像や社会像を理解することを妨げ、体制順応型の人間を形成することをねらいとしていたため、本多は官製の主権者教育を批判します（宮原、1997）。

　本多の代表的な実践が『ぼくらの太平洋戦争』（1973）です。『ぼくらの太平洋戦争』は、中学校社会科歴史分野の太平洋戦争の単元の最後に、アジア各国の歴史教科書の太平洋戦争の記述を読み、「アジアの中学生へ」と題した手紙を書く実践です。生徒は日本の教科書には書かれていない日本軍の生々しい残虐行為がどの教科書にも書かれていることに感情的に反応し、手紙を書きます。さらに、授業で加害の実態が不明確であることを知った生徒は、春休みに日本と35か国の大使館をめぐり、授業で書いた手紙を渡しつつ、日本の加害行為に関する調査を自主的に行います。この実践は生徒が日本軍の加害行為について自主的に校外学習を行う点が着目されやすいですが、本章では本多の教授行為やその背景にある教育観に焦点を当て、官製にとどまらない主権者教育の実相を明らかにしたいと思います。

　第1に、特筆すべきは本多が実践に至った経緯や問題意識です。本多がこの実践に取り組む背景には1971年の時代状況があります。1971年は昭和天皇が訪欧し非難された年であり、旧日本軍でグアム島に28年間潜伏していた横井庄一氏が帰国した年でもあることから、日本の戦争責任が国内外から問われた年でした。本多はこうした出来事をすぐに社会科授業で扱うと、昭和天皇の訪欧非難については、「昭和天皇がかわいそう」「日本への侮辱だ」という意見が、横井さんについては「立派である」といった横井さんを英雄視する意見が教室の多数派を占めました。また、別の授業では生徒の中に朝鮮半島の人々への蔑視が散見されたそうです。そこで、本多は日本の戦争がアジアの民衆にど

れだけの影響を与えたのかを教えなければいけないという問題意識を持つようになり、「僕らの太平洋戦争」実践に取り組むようになります。ここから、官製にとどまらない主権者教育を実践する上で、社会科教師が社会を批判的に眼差し、その社会の中で生きる生徒の社会認識や偏見を見とり、それらの変容の場として教育実践を構想できることが重要であることが伺えます。

　第2に、教材論についてです。本多には先述のような問題意識が醸成されましたが、当時の日本の学習指導要領や歴史教科書には日本の加害行為に関する記載がほとんどありませんでした。さらに、官製の主権者教育を体現する学習指導要領や教科書がこうした現実の社会状況を反映するのには時間がかかり、そもそも教科書に掲載されるとは限らず、教科書に掲載される頃には旬は過ぎてしまいます。そこで、本多は雑誌に掲載されていたアジア各国の歴史教科書の太平洋戦争記述を教材として、生徒に提示することにしました。ここから、官製にとどまらない主権者教育には学習指導要領や教科書以外にも視野を広げ、素材を見つけ、教材へと加工する教師の専門性が求められることが伺えます。

　第3に、本多実践の社会的文脈についてです。現実の社会問題を扱った本多実践は学校外部からの批判に晒されることになります。例えば、本多は文部省や保守派の論客と同時に保護者からの多くの批判を浴びることになりました。生徒の保護者の多くは戦争を体験している世代であったため、中学生が書いた手紙の中に日本の戦争被害が触れられていないことに対して疑念や批判が噴出したのです。このように現実の社会問題を扱った主権者教育は学校の中で完結せず、学校外の現実社会に緊張感や対立を生じさせることがあります。こうした問題に触れないことで、社会における歪な社会認識や抑圧体制を学校が再生産してしまいますが、こうした緊張感は時に教師にとってはリスクになります。本多は家族からの批判があったことで、アジアの教科書を読み手紙を書く実践の後に、生徒が家族から戦争体験を聞き取り、日本の戦争被害についても学習する機会を設けています。官製にとどまらない主権者教育、特に社会的にセンシティブな問題を扱う場合には、学校外に緊張関係を生じさせることには注意が必要であり、どのような緊張関係を生じさせうるのかを事前に予測しておき、対応を考えておくことも重要でしょう。そして、緊張関係を和らげるし

たたかさも官製にとどまらない主権者教育を行う教師にとっては肝要です。また、文部省や保守派からの反論に対しては、本多は論理的、実証的に再反論しています。官製にとどまらない主権者教育を行う場合には、「なぜ、何のために実践を行うのか」「この実践を通してどのような力を子どもにつけるのか」といった実践の目的やねらい、実践の論理を明確にし、説明責任を果たせるように準備することも重要です。

　上記のように、学校外に緊張関係が生じた際には、本多個人のみならず学校の組織としての対応が求められます。本多実践においては、保護者からの批判だけではなく、生徒の大使館への調査が始まると、家族や警察署から疑惑の目を向けられ、学校に電話がかかってくることもありましたが、校長が真摯な対応をとり、大きな問題には発展しませんでした。本多は「学校で、一つのことを行うとき、教師集団が結束することは何よりも大切であるが、校長がその先頭に立っているのか、ブレーキ役になっているのかによって大変な差がある……校長がブレーキをかけたら何もできなかったかもしれない」(p.256) と振り返ります。ここから、官製にとどまらない主権者教育を行う際には、学校内で日常的に授業のねらいや内容についてコミュニケーションをとり、教員間の信頼関係を構築しておくことが重要であることが伺えます。2019年には教科書には記載のない「トロッコ問題」を授業で扱ったところ、一部の保護者から「授業で不安を感じている」というクレームがあり、学校側が謝罪するという問題が起きていますが、この問題は「トロッコ問題」を扱ったことではなく、「トロッコ問題」を授業で扱う説明責任を十分に果たせなかったこと、実践の意図や内容を学校内で十分に共有できていなかったことに起因すると考えられます。

　本多実践において生徒は自由に発言することができていた一方で、授業中に提示された資料は日本の加害行為に偏っていたため、多様な価値観からなる資料を提示することでより自由な発言を促すべきであったという批判がなされています (村井、1996)。また、森分 (1984) は、歴教協の主権者教育実践は、官製の主権者教育が育成を目指そうとする態度とは異なるが、特定の態度を形成しようとする点で同一の課題があることを批判しています。

　こうした批判を経て、歴教協の加藤 (2007) は、教師がアイヌや従軍慰安婦

など生徒の価値観や信念に再考を迫る問題提起をしながら、教師が特定の歴史認識や価値観が教示したり、資料を提示したりするのではなく、生徒が教科書などから調べて仮説を構築し、学級内の討論によって仮説を洗練させていく討論授業を実践しています。加藤実践からも官製にとどまらない主権者教育について多く学ぶことができます（近著として加藤公明（2023）『考える日本史授業5──「歴史総合」「日本史探求」、歴史教育から歴史学、歴史認識論への提言』地歴社）。また、近年、戦争や虐殺などのトラウマを含み、学習者に強い感情が生起したり、政治的にタブーになりやすかったりするため、教えることも学ぶことも「困難な歴史」（例えば、金・小野、2022）が主権者教育において着目されています。『ぼくらの太平洋戦争』にはまさに、「困難な歴史」を扱った教師の困難さが写し出されており、本多の授業のあり方や現実社会に生じた緊張関係への対処のあり方はこうした新たな研究領域からも再考に値するのではないでしょうか。

4.　社会科教育学会と主権者教育

　民間教育団体とは別に、教育実践者と教育研究者が集い、社会科という教科のあり方を検討する場として学会があります。会員数や機関誌の掲載論文数や引用数から影響力が大きいのが日本社会科教育学会（日社学：主な機関誌『社会科教育研究』）と全国社会科教育学会（全社学：主な機関誌『社会科研究』）です。日社学は1952年に、全社学は前身の西日本社会科教育研究会が1951年に発足しています。1960年代に広島大学に初めて社会科教育学の博士課程が設置されたこともあり、1960年代から1970年代にかけては社会科教育学の研究枠組みを規定していく動きが始まります（久保ほか、2020）。近年の社会科教育学会は民間教育団体のように協働的に実践を研鑽し合い、実践を積み重ねていくより、社会科教育実践を開発、分析するための研究枠組みや研究規範を検討することに重点が置かれています。

5. 社会科授業の類型化による官製の主権者教育の相対化を図る
　　全国社会科教育学会

　1970年代以降、社会科教育学の研究枠組みを開発していく動きの中で、全社学の中では社会科授業の類型を開発し、官製の主権者教育のみならず、教育現場で行われている授業を主権者育成の観点から意義と課題を整理し、相対化しつつ、望ましい主権者教育を追究する動きが見られます。例えば、森分（1984）は、主権者教育に社会科が最も貢献するのは社会認識形成であり、科学的な知識の習得と開かれた社会認識形成を重視します。そして、授業内で提示される知識の質やレベルに着目した指標と、知識の提示の仕方、習得のさせ方に着目した指標からなる類型を開発しました（表1）。前者は、ⅰ）事実教授型（事象の網羅的な説明）、ⅱ）理論教授型（事象の背景にある理論や法則の探求）、ⅲ）価値教授型（事象に対し評価を下す価値判断）、ⅳ）理論・価値教授型（事象の背景にある理論や法則を探求した上で価値判断）に分別されます。後者は、知識の提示の仕方、習得のさせ方が①クローズドエンドか、②オープンエンドかで二分されます。①は、教師が同一の社会事象について複数存在している間違いの少ない知識の中から1つ選択して、子どもに正しい知識として習得させる方法です。②は、教えるべき知識や価値が複数存在していることを前提とし、子ども自身に間違いのより少ない知識を求めさせ、習得させていく方法です。

表1　森分（1984）の社会科授業類型

	ⅰ 事実教授	ⅱ 理論教授	ⅲ 価値教授	ⅳ 理論・価値
①クローズ	a事実詰め込み	b理論注入	d価値注入	f理論・価値注入
②オープン		c理論探求	e価値理解	g理論・価値探求

[出所] 森分（1984）p.86をもとに筆者作成

　a）事実詰め込み型は、子どもに与えられた時間内でできるだけ多くの知識を習得させ、暗記させる授業であるため、必然的に教材過剰を招き、体系化された社会認識を獲得できない点に課題があります。b）理論注入型は個々の特定の事象の説明だけではなく、社会事象の背景にある法則や理論を伝達することをねらいとします。この授業は知識が理論や法則によって構造化され、学習

者に提示されるため、子どもは体系化された社会認識を獲得することができる一方で、子ども自身で思考する機会は必ずしも保証されていない点に課題があります。c）理論探求型は、社会事象の背景にある理論や法則そのものだけではなく、それらを発見したりつくり変えたりする科学的探求の方法を子どもに学ばせます。d）価値注入型は一つの価値観が反映した事実を学ぶことで、子どもに特定の態度を形成することをねらいとしています。そのため、事象の原因・結果の冷静な科学的探求はしばしば排除されます。第二次改訂以降の学習指導要領社会科も緩やかに一つの価値的な方向づけがなされており、特に第四次改訂以降後の小学校社会科はこの型に該当します。この型は思想や価値の教化となる点、複数の価値の中から価値判断する力が育成されない点に課題があります。e）価値理解型は、価値注入型と同じように事象の原因や結果の冷静な分析より、態度の形成をねらいとしますが、教師が形成する特定の態度を決めるのではなく、子どもは自由に社会事象を調べることで各々の価値観や態度を強化、あるいは変革することが目指されています。f）理論・価値注入型は体系化された理論や法則とそこから正しい世界観や歴史観などの特定の価値をも教授することを目的とします。森分は社会事象の理論や法則を教授することを通してある社会の見方（価値観）を教授することを目指す教科研社会科部会や歴教協をこの類型に位置づけ[5]、子ども自身で価値観を批判、修正、発展させていくことが困難である点を課題としてあげます。最後に、g）理論・価値探求型は事象をどのように見るのが正しく、それに対してどういう態度を取るべきかを子ども自身に追究させていくことを目指します。この型は授業構成によって、常識的な理解でとどまるものから科学的な理解まで至るものまで幅がありますが、子どもの主体性を重視する場合には、子どもの興味・関心によって論点がずれてゆき、非科学的で常識的な認識にとどまりやすいことが課題となります。

　森分は社会科授業をこのように類型した上で、事実詰め込み型や価値注入型などの課題の多い一部の授業を除き、価値的な知識・判断は事実的な知識、特に社会事象の背景にある法則や理論からなる汎用性の高い概念を基盤としているため、それらを育成する社会科授業である理論探求型が社会科の中核となる授業理論であると述べます。以上のように、森分は社会科教育における主権者

育成の指標と類型を開発し、主権者育成にとって望ましい（望ましくない）授業を明らかにしています。その際、官製の主権者教育を体現する学習指導要領を特定の価値を無批判に教授する価値注入型に位置付け、主権者育成に望ましくないこと、そしてより望ましい社会科授業があることを類型から体系的に説明しています。

　全国社会科教育学会とほぼ同一の会員からなる社会認識教育学会は、現場で行われている授業実践から帰納的に「網羅主義」「（共感）理解主義」「説明主義（科学的探求）」「意思決定主義」などの類型を開発しています（社会認識教育学会、2012）。学習指導要領、特に学習指導要領小学校社会は、社会に生きる人々の想いや願いに共感し、社会の一員としての自覚を高める「理解主義」に該当しますが、「説明主義」と比べて、社会事象の構造的理解が図られないことや、「意思決定主義」と比べて、価値判断能力が獲得されないことから批判がなされています。

　これらの類型に対しては、主権者に必要な資質や能力が内容理解に偏重していることや、こうした類型が社会科授業の全体像を描写し、整理するのではなく、特定の授業を排除するために用いられてきたことが批判されています（渡部、2020）。しかし、社会科授業の類型化は、授業や単元計画において学習指導要領の世界観を相対化し、官製の主権者教育の持つ保守的な世界観に対抗し、代わりとなる望ましい社会科教育（主権者教育）像を体系的に示すことができる点において有意義です。さらには、こうした社会科授業の類型は、学習指導要領や現場でよく行われている授業の相対化を図り、社会科教育の全体図を描き、自らの社会科教育観や社会科実践をその中に位置付け、反省を促すことができるため、教員養成や教師教育にも応用されています。筆者自身、これらの類型を用いて教員養成を行っています[6]。

6.　おわりに

　本章では民間教育団体や学会がいかに学習指導要領に代表される官製の主権者教育の相対化や批判を行ってきたのかを見てきました。これに対して、学習指導要領は法的拘束力があり、学習指導要領を相対化したり、批判したりする

ことには戸惑いがある読者がいるかもしれません。しかし、学習指導要領は最低準拠枠であるとされており、学校指導要領に示されていない内容を加えて指導する際の制限は原則ないとされ、各学校の裁量に委ねられています。例えば、日本の社会科の学習指導要領は、本多が扱ったような論争性を帯びる社会事象を避ける傾向にありますが、論争的な内容を扱い、政策や今後の社会のあり方を子どもたち自身に考えさせることは許容されています。また、国家のカリキュラムが変わっても社会科教師のカリキュラムや授業の調整力がなければ授業が変わらないことも指摘されています（ソーントン、2012）。結局、主権者教育を実践する上で重要なことは、社会科教師自身が社会や子どもの実態からいかなる主権者教育が必要かを考え、計画、実行することであって、学習指導要領をはじめとする官製の主権者教育を絶対視することではありません。その際に、本章で示した民間教育団体や学会の活動は良い模範となると思います。

注

1）例えば、総務省「主権者教育の推進に関する有識者会議の取りまとめ」https://www.soumu.go.jp/main_content/000474648.pdf（情報取得2023/11/30）
2）例えば、Ciniiで「主権者教育」を検索すると2011年から2015年には60件の論文がヒットするのに対し、2016年から2020年には504本の論文がヒットします。
3）戦後社会科教育史の概観については、歴史教育者協議会（1997）、日本社会科教育学会（2002）、木村（2010）、赤沢（2017）などを参照してください。
4）以下に述べる特徴は全ての歴教協の主権者教育（実践者）には該当しませんが、多くの特徴は共有していると思います（例：平井、2017）。
5）近年、これらの民間教育団体の中には加藤をはじめとしてこの類型に該当しない実践も増えているように思います。
6）東京学芸大学渡部竜也氏のYouTubeチャンネル（https://www.youtube.com/@user-mj4ns7tw3d）や、教師教育においては、高大連携歴史教育研究会第2部会「授業理論ワーキンググループの活動（https://researchmap.jp/mizukihoshi/social_contribution/43973987）を参照してください。

参考文献

赤沢早人（2017）「社会科教育の変遷——「社会科を教える」から「社会科で教える」へ」田中耕治編『戦後日本教育方法論史　下——各教科・領域等における理論と実践』ミネルヴァ書房：pp.107-126
加藤公明（2007）『考える日本史授業3——平和と民主社会の担い手を育てる歴史教育』地歴社
金鍾成・小野創太（2022）「「困難な歴史」の教育的価値の探究」『広島大学大学院人間社会科学部研究科紀要　教育学研究』3：pp.52-60

木村博一（2010）「20世紀後半における社会科教育史研究の展開——「社会科教育史の体系化と新たな研究方法論を探る」ための基礎的考察」『社会科教育論叢』47：3-12

久保美奈ほか（2020）「教育学研究者と教育実践者をつなぐ「場」としての学会の役割——社会科教育関連の学会に注目して」『広島大学大学院人間社会科学研究科紀要　教育学研究』1：pp.60-68

社会認識教育学会（2012）『新社会科教育学ハンドブック』明治図書出版

ソーントン／渡部竜也ほか訳（2012）『教師のゲートキーピング——主体的な学習者を生む社会科カリキュラムに向けて』春風社

日本社会科教育学会編（2002）『日本社会科教育学会50年の歩み』

平井美津子（2017）『「慰安婦」問題を子どもにどう教えるか』高文研

本多公栄（1973）『ぼくらの太平洋戦争』鳩の森書房

宮原武夫（1997）「地域の掘り起こし運動と地域に根ざす歴史教育」歴史教育者協議会編『歴史教育五〇年のあゆみと課題』未来社：pp.150-164

武藤拓也（1997）「社会科歴史教育の展開と民間教育運動」歴史教育者協議会編『歴史教育五〇年のあゆみと課題』未来社：pp.44-58

村井淳志（1996）『学力から意味へ——安井・本多・久津見・鈴木各教室の元生徒の聞き取りから』草土文化

森分孝治（1984）『現代社会科授業理論』明治図書出版

歴史教育者協議会編（1997）『歴史教育五〇年のあゆみと課題』未来社

渡部竜也（2020）『主権者教育論——学校カリキュラム・学力・教師』春風社

第2部

実践篇

主権者教育の授業実践

第6章
残業代を支払って下さい
──働くルールと権利を考える授業

山本　政俊

1. 労働問題、困った時はどうすればいい？

　高校生や大学生の中にはアルバイトをしている学生がいます。その程度もケータイ代を支払うためなどの小遣い稼ぎ程度のものから、学費を全部支払うとか一家の生計を維持するための重要な役割を果たしている人までいます。人間は働かないと生きていけませんから、この分野は総じて青年の関心が高い分野です。そして実際に働き始めると様々な労働問題に遭遇する可能性があります。例えば、「試験の前に休ませてほしいと申し出ても、他に迷惑がかかるからと言われ休めない」とか「クリスマスケーキやバレンタインデーのチョコが売れない場合買い取らせる」などの相談があります。

　「ハローワークの求人条件と違った。残業代を払ってくれない、どうしよう？」「明日から来なくていいといわれた（解雇）、どうする？」「賃金を一方的に削減された。どうすればいい？」「会社をやめたいと思ったときどうすればいい？」「パート、アルバイトだけど年休をとりたい。どうすればいい？」「社会保険や雇用保険に入っていないから不安だ。どうなる？」「いじめとパワハラをされている。どうすればいい？」「けがをして働けなくなったときはどうすればいい？」こうした時、どう対応すればいいのか。教師として、一市民として、目の前の生徒に何を語れるでしょうか。

　私たちがしなければならないことは、「労働三権とは」「労働三法とは」を生徒たちに機械的に覚えさせてテストで正解をさせることではないはずです。働きはじめに「契約」内容をしっかり確認することが大切なこと。確かめられないような怪しい所では働かないこと。権利を知り、権利は使わなければ誰も守

ってはくれないこと。問題が起きたときは、どこに頼ればいいかを知っていること。個人加盟できる労働組合の存在とアクセスの方法を知っていること。これらは今最低限教えたいことです。

　私は頼ることのできる労働組合のアクセスの携帯番号を全部入れさせています。黒板に書いて、「はい、今」で、そんな感じでやっています。労働組合といっても、色々あります。労使協調の労働組合もあるし、そうではなく、労働者の待遇改善を求めて成果をあげている労働組合もあります。私自身は全労連が制作したＤＶＤ『今、そこにあるユニオン』を視聴させています。高校生でも労働組合を結成できるし、加入もできます。労働組合は法的に団体交渉権を持つ。その団体交渉の場面を見るだけでも大分違うのではないかと思います。

　私自身は基本的には労働組合に結集して闘う労働者の姿というものに共感させる、労働法を使って、闘う人々にスポットを当てるような授業を数多く実践してきました。例えばマクドナルドの青年が年次有給休暇をとった、それ自体が闘いなわけです。大体多くの若者はそういう年休をとれるということさえ知らない。それを請求するということを口に出して言うこと自体がもう闘いなのです。それから“すき家”で働く人たちが未払いの残業代を支払わせた、自分がそういう目にあったらどうするのという学びを多くやってきました。

　雇用における男女平等——私は女性労働の問題は、女性労働の問題で、ジェンダーの視点で独自に扱わなければならないと思います。例えば、芝信用金庫訴訟を例に、授業したことがあります。この授業はかもがわ出版から『日本国憲法に出会う授業』という本が出ていて、その中に書いています。同じ仕事をしているのに、同期の男性行員は、どんどん昇給していくのに昇給しない。同期の同じ年齢の男性職員と女性というだけで400万円もの賃金の差がつけられた。これは当然なのか、おかしいことなのか。データを見せながら、どう考え、どう行動していくか考えた実践です。

2.　労働安全衛生法も教えよう

　労働者の健康が破壊され、過労死や精神疾患が増加しています。このような時だからこそ、「職場における労働者の安全と健康を確保」し、「快適な職場環

境の形成を促進する」（労安法第1条）ことを目的とした労働安全衛生法の存在も子どもたちに伝えたいのです。

　労安法は第３条で事業者の責務を定め、事業者は「労働災害の防止のための最低基準を守るだけでなく、快適な職場環境の実現と労働条件の改善を通じて職場における労働者の安全と健康を確保するようにしなければならない」と明確に述べています。

　2000年３月24日、25歳の電通勤務の青年が過労自殺したケースで、最高裁は労安法第65条の３「事業者は労働者の健康に配慮して、労働者の従事する作業を適切に管理するように努めなければならない」を根拠に、事業者が労働者に対する安全配慮義務に欠けたとして、損害賠償を命ずる判決を出しました。この判決は以後、過労死・過労自殺での裁判に大きな影響を持つことになりました。

　また第71条の２では「事業者は、事業場における安全衛生の水準の向上を図る」「快適な職場環境を形成する」を労働者への安全配慮義務としています。例えば、「作業に従事することによる労働者の疲労を回復するための施設又は設備の設置又は整備」が不十分であれば、不法行為として、労働者から損害賠償の責任を問うことだってできるのです。

　「事業者は、労働者に対し」「医師による健康診断を行わなければならない」（労安法第66条）。労働者が健康で人間らしく働くための権利を定めた労働安全衛生法を、子どもたちとともに学んでみませんか。

　以下、電通過労自殺事件（2000年３月24日最高裁）の判決文を使用した授業プランです。授業進行に合わせて３枚のプリントを順に配布します。

労働環境を考える１

大嶋一郎は、1990（平成２）年３月に明治学院大学法学部を卒業し、同年４月１日、電通の従業員として採用された。新入社員研修を終え、同年６月17日、ラジオ局ラジオ推進部に配属された。業務の主な内容は、企業に対してラジオ番組の提供主となるように企画書等を用いて勧誘することと、企業が宣伝のために主宰する行事等の企画立案及び実施をすることであった。一郎は、午前８時ころまでに自宅を出て、午前９時ころまでに出勤

し、執務室の整理など慣行上新入社員が行うべきものとされていた作業を行った後、日中は、ほとんど、勧誘先の企業や他の部署、製作プロダクション等との連絡、打合せ等に忙殺され、午後7時ころに夕食をとった後に、企画書の起案や資料作り等を開始するという状況であり、仕事は連日、深夜・早朝にまで及び、平成2年8月ころから、翌日の午前1、2時ころに帰宅することが多くなった。平成2年11月末ころまでは、遅くとも出勤した翌日の午前4、5時ころには帰宅していたが、帰宅しない日や、東京都港区内所在の事務所に泊まる日があるようになった。1991（平成3）年1月ころから、一郎は、業務の7割程度を単独で遂行するようになった。一郎の所属するラジオ推進部には、平成3年7月に至るまで、新入社員の補充はなかった。このころ、一郎は、出勤したまま帰宅しない日が多くなり、帰宅しても、翌日の午前6時30分ないし7時ころで、午前8時ころまでに再び自宅を出るという状況となった。

　このような労働環境で働き続けたらどうなるだろうか？　話し合ってみよう。

労働環境を考える2

一郎は、前述のような業務遂行とそれによる睡眠不足の結果、心身共に疲労困ぱいした状態になって、業務遂行中、元気がなく、暗い感じで、うつうつとし、顔色が悪く、目の焦点も定まっていないことがあるようになった。一郎は上司に「自分に自信がない」、「自分で何を話しているのかわからない」、「眠れない」などと言ったこともあった。平成2年当時、電通の就業規則は、休日は原則として毎週2回、労働時間は午前9時30分から午後5時30分までの間、休憩時間は正午から午後1時までの間とされていた。そして、「36協定」によって、各労働日における男子従業員のいわゆる残業時間の上限は、6時間30分とされていた。残業時間は各従業員が勤務状況報告表と題する文書によって申告することとされており、残業を行う場合には従業員は原則としてあらかじめ所属長の許可を得るべきものとされていたが、実際には、従業員は事後に所属長の承認を得るという状況と

なっていた。

　労働時間や残業や休日は法律でどのように決められているのか調べよう。過労死してしまうかもしれない働き方をするのは、何故なんだろう。次の資料を読んで話し合ってみよう。

労働環境を考える3

電通では、従業員が長時間にわたり残業を行うことが恒常的に見られ、36協定上の各労働日の残業時間又は各月の合計残業時間の上限を超える残業時間を申告する者も相当数存在して、労働組合との間の協議の席等において問題とされていた。さらに、残業時間につき従業員が現に行ったところよりも少なく申告することも常態化していた。一郎の親は過労のために一郎が健康を害するのではないかと心配するようになり、有給休暇を取ることを勧めたが、一郎は、「自分が休んでしまうと代わりの者がいない、かえって後で自分が苦しむことになる」、「休暇を取りたい」旨を上司に言ったことがあるが、上司からは「仕事は大丈夫なのか」と言われたから、取りにくかった。平成2年度において一郎が取得することができるものとされていた有給休暇の日数は10日であったが、一郎が実際に取得したのは0.5日であった。一郎は、スポーツが得意であり、その性格は、明朗快活、素直で、責任感があり、また、物事に取り組むに当たっては、粘り強く、いわゆる完ぺき主義の傾向もあった。だから、業務に意欲的で、積極的に仕事をし、上司や業務上の関係者から好意的に受け入れられていた。一郎の業務遂行に対する上司の評価は概して良好であり、非常な努力家であり先輩の注意もよく聞く素直な性格であるなどと評価されていた。また一郎自身も、自分の企画案が成功したときや、思っていた以上に仕事を任せてもらえることを喜びとしていた。
その結果、一郎は1991（平成3）年8月27日午前6時ころに帰宅し、弟に病院に行くなどと話し、午前9時ころには職場に電話で体調が悪いので会社を休むと告げたが、午前10時ころ自宅の風呂場において自殺していた。24歳だった。

一郎の両親は電通に対して、1993（平成5）年1月、2億2,000万円余の損害賠償請求訴訟をおこした。3年余の1996（平成8）年3月28日、東京地裁は、自殺は異常な長時間労働によるもので、会社に100％の責任があるとして、1億2,600万円の損害賠償の支払いを命じた。2000（平成12）年3月24日最高裁は次のように認定した。「一郎は、平成3年7月ころには心身共に疲労困ぱいした状態になっていたが、それが誘因となって、遅くとも同年8月上旬ころに、うつ病にり患した。そして、同月27日、行事が終了し業務上の目標が一応達成されたことに伴って肩の荷が下りた心理状態になるとともに、再び従前と同様の長時間労働の日々が続くことをむなしく感じ、うつ病によるうつ状態が更に深まって、衝動的、突発的に自殺したと認められる」。

「労働基準法は、労働時間に関する制限を定め、労働安全衛生法65条の3は、作業の内容等を特に限定することなく、事業者は労働者の健康に配慮して労働者の従事する作業を適切に管理するように努めるべき旨を定めている。これらのことからすれば、使用者は、その雇用する労働者に従事させる業務を定めてこれを管理する場合、業務の遂行に伴う疲労や心理的負荷等が過度に蓄積して労働者の心身の健康を損なうことがないよう注意する義務を負うと解するのが相当であり、使用者に代わって労働者に対し業務上の指揮監督を行う権限を有する者は、使用者の注意義務の内容に従って、その権限を行使すべきである」「一郎の上司であるA及びBには、一郎が恒常的に著しく長時間にわたり業務に従事していること及びその健康状態が悪化していることを認識しながら、その負担を軽減させるための措置を採らなかったことにつき過失がある」。

そして、6月23日以下の和解が成立した。

①電通の遺族に対する謝罪文　　電通は今回の事件を深く反省し、今後、労務管理の徹底と健康管理の充実をより一層行い、かかる不幸な出来事が二度と起こらないよう、努力いたします。前途有為な杜員大嶋一郎君を失ったことはまことに残念に思い、心よりご冥福をお祈りいたします。

②損害賠償　　電通は両親に対して損害金として以下の金額を支払う。
　　　　　　　支払総額　168,575,071円

　この裁判は、労働者の過労自殺（業務による過労・ストレスが原因で自殺すること）事案での史上初の最高裁判決であり、内容においても日本の裁判史上に残る画期的な内容でした。すなわち、労働者の自殺が、個人の責任ではなく、長時間労働等の過重な業務によって発生したという因果関係を認め、かつ、企業（電通）の雇用主としての安全配慮義務違反による損害賠償責任を認めたからです。脳・心臓疾患等の過労死全体を通じても、損害賠償請求訴訟としては、最高裁が企業責任を認めた初判決でした。この判決は、長時間労働など過重労働をなくすために、企業が重大な責任を負っていることを明確にしたものであり、企業に対する重大な警告となりました。

　以後、労働安全衛生行政にも大きな影響を与えたのですが、電通では再び2015年12月に高橋まつりさんが、東京都内の女子寮で命を絶ちました。長時間労働による精神疾患が原因だったとして、16年9月に三田労働基準監督署（東京）が労災認定をし、電通は17年10月、違法残業を防ぐ措置を怠ったとして東京簡裁から罰金50万円の有罪判決を受けています。過労死・過労自殺は日本の労働環境において本当に根深い問題なのです。

　「過労死等防止対策推進法」第6条に基づき、国会に毎年「過労死等防止対策白書」が報告されます。それによると、業務における過重な負荷により脳血管疾患又は虚血性心疾患等を発症したとする労災請求件数は、令和4年度は803件で、前年度より50件の増加です。労災支給決定（認定）件数は、令和4年度は194件で、前年度 より22件の増加となっています。また、業務における強い心理的負荷による精神障害を発病したとする労災請求件数は、増加傾向にあり、令和4年度は2,683件で、前年度より337件増加しています。労災支給決定（認定）件数は、令和4年度は710件となり、前年度より81件の増加となっています。この問題に無関心でいるわけにはいきません。学校教育の中にしっかり位置付けるべきと考えます。

3. 労働時間を短縮・規制するということ

　労働時間の規制はなぜ必要なのでしょうか。残業代を支払うのは、それを課すことで、労働時間を規制する効果を期待するからです。長時間労働が放置されると、労働者の生命や健康が維持できなくなり、社会的再生産ができなくなります。ワーク・ライフ・バランスが確保されないと労働者の家庭生活や社会生活に支障をきたすようになります。だれもがケアし、ケアされる社会にするためには労働時間の規制と短縮は不可欠なのです。

　8時間労働という考え方は、19世紀初頭にローバート・オーウェンが提唱しました。それは1日24時間を3分割するというもので、労働者は8時間は仕事のため、8時間は休息のため、8時間は自分がしたい余暇活動のためという考え方に基づいていました。メーデーは1886年、アメリカ・シカゴの労働者が8時間労働制を要求してストライキを決行したのが起源です。8時間労働制は、ロシア革命で現実のものとなり、第一次世界大戦後、1919年のILOの最初の総会で、「8時間労働制」（1号条約）が採択されました。残念なことに日本はこの条約を批准していません。国際スタンダードである8時間労働制を遵守しようとするのではなく、法体系からいっても残業規制は弱く、すり抜けようとしているのです。

　2018年の「働き方改革関連法」に伴う労働基準法改正では、36協定の時間外労働は、1か月について45時間、1年について360時間と規定されました。ただし、「業務量の大幅な増加等に伴い臨時的に……」1か月において100時間、1年についても720時間までの時間外労働の例外規定を定めています。これは過労死認定基準にあわせた上限時間にほかなりません。1999年にILOが提唱したディーセント・ワーク（Decent Work:"働きがいのある人間らしい仕事"）の視点から、日本の労働実態を学校教育の中でも問い返していく必要があると思います。

4. 対処法をシミュレーションしてみる授業

　「今までにアルバイトを体験した人はいますか？　正規職員とアルバイトは

どこが違うでしょうか」

　非正規労働者が増えて、最近は、アルバイトだから権利がないなんてことはありません。アルバイトだから正社員と違っていいというものは思ったより少ないのです。例えば、働き始めた場合、労働条件通知書をもらう、というのはアルバイトであろうと正社員であろうと変わりありません。仕事中に怪我をしたら労災保険という保険からお金をもらうことができます。一方的にクビにするなんてできません。解雇されたら解雇理由通知書をもらうのも一緒だし、失業したら失業給付受けられるのも一緒です。相談窓口もあります。だから、アルバイトだからと弱くもないのです」。このように話すと生徒たちは身を乗り出し、耳を傾けてきます。

　「ここで問題です。時給の計算は何分単位で計算するでしょう」
　①1分　　　　②15分　　　　③30分

　正解は①1分ですが、この事実が案外知られていません。
　「事業所に到着して、タイムカードを押しますか」「いつ押しますか。着替えや準備をしてからですか。それとも事業所に到着した時点でですか」。着替えなども勤務時間に含まれるのです。これが守られていないとそれは違法なのです。では、そんな時どうすればいいですか、と問いかけて授業を進めます。それがないと主体性が育ちません。
　次に「1日8時間を超えたら時給の1.25倍。つまり、時給1,000円なら、1時間1,250円になる」と残業代の賃金請求権を切り出し、実際に計算させます。
　「日曜日は10時間。8時間を2時間超えています。その部分に1.25倍が適用されます。計算すると42,500円になります。週40時間を超えたら、1日8時間を超えていなくても、時給の1.25倍、つまり、1時間1,250円で計算します。例えば、日曜日10時間、月曜日7時間、火曜日8時間、水曜日8時間、木曜日7時間、金曜日8時間と働くと48時間です。この時給は週40時間を超えているので、1日で1,250円×8時間分の給料となるので、1週間で50,000円となります」。

日	月	火	水	木	金	土	合計金額
5	5	5	5	5	5	0	30,000
8	7	5	8	7	5	0	40,000
10	7	5	8	7	5	0	42,500
10	7	8	8	7	8	0	50,000

　「時給を計算したら、どうも残業代を払ってもらっていないようだ。どう対応したらいいでしょうか」。残業代を支払わないのは犯罪になりうる重大問題です。働き始めたら、自分の労働時間の確認が必要です。そして労働時間が記録されていることが大事です。争いになった場合は、会社の人への業務上のLINEとかパソコンの履歴、入退室の記録、スマホの位置情報サービス、公共交通の利用履歴なども証拠として活用できます。そして、残業代の支払いの時効は2年間であること。これらは学校でどうしても教えたいことです。請求する場合の根拠は、労働契約書や給与明細書です。それがないと、給料の計算ができません。使用者には労働条件を通知する義務があるので、労働条件を明確にさせること、最初にボタンのかけ違いをしないことを話します。

　「法律はわかった。法律に照らして理不尽に思うことに遭遇した。そのときあなたは、そこで行動するかしないか。例えば、残業代の請求ができることはわかった。明らかに残業しているのに払ってもらってない。あなたはどうしますか？」と質問し、「しょうがない、あきらめて働く」グループと「払ってもらうために行動する」グループに分かれて、なぜそうするのか理由を含めてグループ討論を行い発表させます。これは、労働法の知識があっても、それだけでは、心理的壁があり、1歩踏み出すことができない場合が多い実態があるので、取り入れたアクティビティです。

　残業代の未払いに気づいたとき、どうすればいいか。知識だけ知っていても、道理が動くとは限らないのが労働問題です。それに会社の人に勇気を出して告発するのは、とてもハードルが高いものがあります。ですから、学校教育の中で、シミュレーションしてどう話すのかのトレーニングを経験させたいのです。私は3人1チームで「残業代を払ってください」のロールプレイを体験させました。以下は山本が制作したシナリオです。

私「社長、うちは残業代の支給はあるのでしょうか」

社長「払っていますよ。経理に聞いてみてください」

私「残業代払ってもらってないような気がするんです」

社長「ちゃんと払っているよ」

私「うちの会社9時-17時が勤務時間ですよね。時々、17時を過ぎて、18時ごろになることもあるんです。労働基準法によれば1日8時間を超える勤務は、超えた時間は25％増しの残業手当が支払われると授業で習いました。どうなっているのでしょうか」

社長「それはアルバイトさんには適用されないんです。それに君、超過勤務したという証拠はあるのかい」

私「タイムカードは店長から言われて17時に押します。でもそのあとも仕事が続いているのです。証拠はあります。私いつもバイト終わって帰る時、友だちにLINEしてるんです。私バイト始めて半年になるので、半年分これ、労働基準監督署に申告していいでしょうか」（相談ではなく申告しないと労基署は人手不足で動いてもらえません）

社長「それは、ちょっと待ってもらえないかな。あとで店長や経理に言っておくから。実態に合うように改善します」

　私は大学の働くルール学習の結びで次のように話をしました。

　「今まず、大事なことは、大学生活でいろいろな場で友だちをつくること。仲間づくりをすることです。それは、職場でいろいろな人とつながれる力になります。職場で愚痴を言える、相談できる仲間や先輩を持つことにつながります。これがあると仕事もスムーズに進められるし、権利侵害があったら打開できるでしょう。自分の背中を押してくれる存在があると人は踏み出せるのです。応援して欲しかったら自分から応援をしましょう」

5.　今求められる「働くルール」学習

　今求められる高校や大学での「働くルール」学習は（現在は厚生労働省をはじめ労働行政は「働くルール」という用語を使用し、啓発活動に務めていることが

多い）、第1は、労働条件改善の取り組みなど、生き抜いていく術を教えるべきであり、困難な、場合によっては不当な労働現場へ適応できる人間を育てる「キャリア教育」ではなく、労働組合による団体交渉権の行使など労働法規の具体的な使い方やケーススタディの教育を作っていくことです。第2は、卒業生などから若者の労働実態のリアルを把握し、学生には広く社会に目を向けるように学ばせることです。

　ここ数年「ブラック」企業という用語で、労働法やそのほかの法令に抵触するきわめて劣悪な条件で働かされる会社があることが可視化されました。マスコミ報道を通して、パワハラ、セクハラ、精神疾患を発症しての過労自殺などの言葉を耳にするたびに、少なくない生徒たちが不安を感じるのではないでしょうか。ですから学習指導要領「公共」に示されているように「雇用と労働」は避けて通れない学習テーマです。

　その際、働くこと、生きることは憲法で保障された人権という視点を貫くことです。勤労の権利が保障されるためには、雇用問題は国が責任を持たねばならないのです。

　今は教える教師自身が「ブラック労働」の渦中でもがいています。教師が労働法や労働組合を知らなければ「そんなことはどこにでもあること」と平気でいられます。まず、教師自身が最低限の労働法を知り、何が違法なのか理解することです。労働時間を記録すること、困った時は、一人で抱え込まず、相談できる場所や人（弁護士や社会保険労務士など）を知っていること、一人では言えなくても、労働組合なら法が適用されて交渉できること、このことをアドバイスできるだけで、教え子たちは打開の道が見えて安心するに違いありません。自らを守り、目の前の生徒たちをブラック労働や職場から救うことにつながる教育実践をしていきましょう。

第7章
弁護士と教師の対話でつくる
憲法の授業

川原　茂雄

1. 高校「現代社会」でのコラボ・ライブ授業づくり

　学校の授業で、学校外の専門家や実務家などの方々をゲスト講師として招いて話をしてもらうという授業実践は、今日広く行われていると思います。学校の教育課程や教育内容が、学校の中だけ、教科書の内容だけにとどまるのではなく、現実の社会や世界の状況にも広く目を開かせるような教育や授業が求められています。2016年の中教審答申では、「社会との連携・協働によりその実現を図っていくという『社会に開かれた教育課程』を目指すべき」として、「地域の人的・物的資源の活用」や「放課後や土曜日等を活用した社会教育との連携」が強調されています。

　北海道の高校の社会科で、このような学校の外部からゲスト講師を招くという授業実践に早くから取り組んでいたのは池田考司先生でした。学校にゲスト講師を招いて授業や講演をやってもらうということは、以前からどこの学校でもやられていることでしたが、池田先生は、来てもらうゲスト講師に対して、話す内容を「まる投げ」で授業してもらうのではなく、事前に綿密な打ち合わせをして、当日も、そのゲスト講師と教師が一緒に授業を行うという「**コラボ・ライブ授業**」というかたちをとっていました。それは、授業を教師だけでなく外部の市民や専門家と一緒に企画段階から作りあげるという「教育における協同」をめざすという実践でした。

　このような池田先生の授業実践に影響を受けて、私自身も自分の学校の高校「現代社会」の授業に、様々な職業・立場のゲスト講師を招いての「コラボ・

ライブ授業」に取り組んできました。なかでも2008年から取り組んだ札幌弁護士会の弁護士たちとの共同による「憲法コラボ・ライブ授業」は、私の授業実践の中でも、最も「主権者教育」を意識した実践ですのでご紹介したいと思います。

2. 札幌弁護士会の弁護士たちと教師との共同

札幌弁護士会は2001年以降「法教育」や「憲法教育」に積極的に取り組むようになり、「法教育委員会」主催の「ジュニア・ロースクール」での公開授業や模擬裁判、「憲法委員会」主催の「中高生のための憲法講座」での講演や公開授業、そして弁護士が直接各学校に赴く「出前授業」などを行っています。

これらの札幌弁護士会の取り組みを通して関わりを持つようになった学校現場の先生方の中から、特に憲法問題について関心がある先生方に参加を呼び掛けて、札幌弁護士会の「憲法委員会」の中で憲法についての授業に関する弁護士と教師との協議会が2007年から定期的に持たれるようになりました。

その協議の中で、教師の側からは学校での憲法についての授業の取り組みや現状が説明され、弁護士からは憲法の出前授業をするとしたら、どのような形態・内容が望ましいのかという質問がありました。その後の協議から、今後、学校現場での憲法教育についての授業づくりについて、一緒に連携しながら取り組んでいくことが確認されました。

その後、いくつかの学校で、実際に札幌弁護士会の弁護士による憲法についての出前授業を実施していく中で、弁護士に授業のテーマや内容を「まる投げ」するのではなく、事前に授業する弁護士と担当する教師がしっかりと打ち合わせをして事前準備をしておく必要性が確認されていきました。

札幌弁護士会による「憲法出前授業」だけでなく、学校現場には、じつに様々な組織・団体からの「出前授業をやります」という申し入れが数多く来ています。そのような「出前授業」を自分の学校でも、これまでいくつか実施したことがありますが、その多くは、そのテーマも内容も、その団体や講師への「まる投げ」で、また授業形式も、そのほとんどが「講師による一方的な講義

形式」でした。

　それは札幌弁護士会の「出前授業」であっても例外ではなく、これまで実施されていた「出前授業」のほとんどが「講師による一方的な講義形式」だったようでした。しかし、弁護士は「法律のプロ・裁判のプロ」であっても、「授業のプロ」ではありません。どうしても、弁護士が生徒たちに一方的にお話をすると、難しい法律用語などが飛び交って、聞いている生徒たちも大変だったということがあるようです。

　そこで私が考えたのが、弁護士と教師が一緒になってつくる**「対談・対話形式の授業」**でした。

　これは、あの有名なテレビ番組「徹子の部屋」のように、教師がインタビュアーになって、対談相手の弁護士に、いろいろと質問して聞き出すという形の授業ですが、対談形式であっても、あくまでもその進行のイニシアティブは教師の側にあり、その教師の「授業」であるということなのです。

　もうひとつ、弁護士に学校に来てもらうとなると問題となるのが、講師料や交通費というような「お金」の問題です。これも、昨今の厳しい財政状況の下では、そう簡単に調達することは難しいのです。実際問題として、札幌弁護士会の弁護士による「出前授業」には、いっさいの費用負担はなく、まったくの無料（ボランティア）で学校に来てくれます。しかし、たとえそうであったとしても、弁護士を学校に招くという形になると、いろいろと面倒な手続きが必要となる場合もあります。そこで考えたのが、弁護士が学校に「講演」をしに来てもらうのではなく、私の授業に、弁護士が「参観」に来てもらうという形を取ることでした。実際には、弁護士は、ただ学校に来て、私の授業を参観してもらうだけではなく、私の授業の中で「対談・対話」をしてもらうのですが、その授業の主体者はあくまでも教師である私ということになっているのです。

　さらに、このような「出前授業」を外部に依頼する場合は、だいたいの場合、向こう側の都合が優先され、必ずしもこちらのやってほしいタイミングと合わずに、「投げ込み的・突発的」な「出前授業」になってしまいがちです。そうではなくて、その科目の一年間の年間指導計画の中に、きちんと位置づけていくような「出前授業」ができないだろうかと考え、「現代社会」の「政治

分野」とくに「憲法学習」の部分の導入として「出前授業」を実施できるように、実施する時期・タイミングも考えていきました。

　しかし、何よりも私が弁護士による「出前授業」に期待したのは、弁護士自身が直接語ってもらうことによって、「憲法と法律」に対する「リアル感」を生徒たちに感じてもらい、生徒たち自身の「憲法と法律」に対するイメージを、「難しい・わからない・関係ないもの」から、「自分たちにも関係のあるもの」へと転換してもらうということでした。

3.　憲法を語る弁護士と教師のコラボ・ライブ授業

　このようなことをふまえて、私の方から札幌弁護士会の「憲法委員会」の弁護士たちに、これまでのような弁護士が外部講師として招かれて「出前授業」をするというかたちではなく、学校の通常の教師の授業に弁護士が「参観・参加」してもらい、教師と一緒に授業を行うという、弁護士と教師の共同による「憲法コラボ・ライブ授業」を提案しました。

　これに対して、すぐに札幌弁護士会の4人の弁護士が参加を申し出てくれました。そして、2008年の7月に、当時私が勤務していた札幌琴似工業高校の2年生の公民科「現代社会」の授業での「**憲法を語る弁護士と教師のコラボ・ライブ授業**」を実施することができました。

　このコラボ授業を設定したところは「現代社会」の授業では、ちょうど「政治分野」の「憲法」の単元に入るところで、その単元の導入として、最初から年度初めに提出する年間指導計画に位置付けて明記しておきました。また、このコラボ授業の実施内容については、事前に実施要項を作成して管理職にも提出し稟議してもらいました（資料1）。

資料1　札幌琴似工業高校「憲法を語る弁護士と教師のコラボ・ライブ授業」実施要項

---

1. 授業タイトル「憲法を語る弁護士と教師のコラボ・ライブ授業」
2. テーマ「憲法とわたしたち」（「現代社会」第2部第2章「日本国憲法の基本的性格」）

> 3．主旨　弁護士の活動を通して、憲法がわたしたちの生活にどのように関わっているのかを語ってもらうとともに、いま高校生に伝えたい日本国憲法の理念を語ってもらい、わたしたちがどう憲法とむかいあうべきかを考えてもらう。
>
> 4．実施日時　○○○○年7月15日（木）2校時・3校時・5校時・6校時
> 　　　　　　　　　　　　　7月16日（金）2校時・3校時・5校時・6校時
>
> 5．実施学年　2学年－全8クラス（「現代社会」を受けている生徒）
>
> 6．実施場所　視聴覚教室
>
> 7．実施形態　視聴覚教室に2クラスずつ収容し、2時間連続の授業を4回実施する。
>
> 8．授業展開　授業担当者と弁護士が対話をしながら、生徒たちからの質問にも答える。
>
> 9．来校予定の弁護士　15日－吉田弁護士・神保弁護士
> 　　　　　　　　　　　16日－田中弁護士・池田弁護士

　基本的には、たんなる外部講師による「出前授業」というかたちではなく、札幌弁護士会の弁護士が来校して、「現代社会」の授業に「参加」して、教師と一緒に授業をするというかたちになっていますが、実際には来校した弁護士に授業を担当する教師や生徒たちが質問して弁護士がそれに答えたり、弁護士と教師が「対談」するというような授業展開になりました。事前に、生徒たちには「憲法・法律・弁護士についてのイメージや知っていること」「弁護士に聞いてみたいこと」のアンケートを実施し、弁護士には「生徒たちに語って頂きたいこと」の要望項目を伝えておきました（資料2・3）。

資料2　現代社会コラボ・ライブ授業・事前アンケート（生徒用）

> 1．「憲法」と聞いてどんなこと（イメージ）を思い浮かべますか？　また、「憲法」について知っていることを書いて下さい。
>
> 2．「法律」と聞いてどんなこと（イメージ）を思い浮かべますか？　「法律」について知っていることを書いて下さい。
>
> 3．「弁護士」と聞いてどんなこと（イメージ）を思い浮かべますか？　「弁

護士」について知っていることを書いて下さい。

4．7月○○日に本物の「弁護士」が本校にやって来ますが、あなたが「弁護士」に聞いてみたいことを書いて下さい。

資料3　コラボ・ライブ授業で弁護士に語って頂きたいこと

1．弁護士って何をする人なのか？

2．弁護士になるにはどうすればいいのか？

3．どうして弁護士になりたいと思ったのか？

4．弁護士として、これまでどのような事件（裁判）を担当してきたのか？

5．弁護士として仕事をしてきて、どんな苦労があったのか？

6．弁護士として仕事をしてきて、どんな時にやりがいと感じたのか？

　また、弁護士には事前に自身の自己紹介のプロフィールを書いて提出してもらい、当日生徒たちにそれを印刷したものを配布しました（資料4）。

資料4　弁護士プロフィール

1．氏名

2．所属

3．出身地

4．出身学校

5．なぜ弁護士になったのか（めざしたのか）

6．これまで担当してきた事例（事件）－初めて担当した事例、印象に残っている事例、いま担当している事例など

7．趣味（休日にしていることなど）

8．人生のモットー（もしくは座右の銘）

9．札幌琴似工業高校の生徒たちに一言

4. コラボ・ライブ授業：第1部「弁護士さんに色々と聞いてみる」

　実際の授業は、視聴覚教室に2クラスの生徒を収容して、2時間連続の授業を計4回行いました。まず1時間目の授業は第1部「弁護士さんに色々聞いてみる」として、事前に生徒から弁護士に聞いてみたいことのアンケートを基にしてインタビューを行いました。生徒たちの事前アンケートでの「憲法・法律のイメージ」は「堅い、難しい、よくわからない」というもの、弁護士のイメージは「頭良さそう、理屈っぽい、かたくるしい」という答えが目立ちました。このような「憲法・法律・弁護士」に対しての、堅くて難しくて近寄りがたいというイメージをなんとか打ち破りたいと考え、まずはアイスブレーキング的に来校してくれた弁護士のおいたちや人となりを感じてもらうことがねらいでした。

　事前に弁護士から提出されたプロフィールを印刷したものを生徒全員に配布し、それをもとにまずは担当教師から色々と質問をしました。特に、なぜ弁護士をめざしたのか？　高校時代はどんな生徒だったのか？　どうやって弁護士になったのか？　など、弁護士も一人の人間として、いまの高校生たちと同じような青春時代を過ごしてきたこと、また自分の進路についてしっかりと考えて決めて、その道を歩んできたことなどについて語ってもらいました。

　高校生にとっての弁護士は、テレビや映画でしか見たことがなく、また厳しい司法試験に合格するために子どもの頃から勉強ばかりしてきたガリ勉もしく

は秀才というようなイメージがあるのですが、このインタビューによって、高校生と同じように一人の人間として、これまでの人生を生きてきた姿を感じ取ってもらいたいと思いました。

　また、普段「法律のプロ・裁判のプロ」としての弁護士の仕事に、どのように取り組

んでいるのか、特に印象に残っている事例や事件などを紹介してもらい、弁護士の仕事や裁判のしくみなどについての基本的な事柄を解説してもらいました。授業の後半では、マイクを生徒たちに回して、直接弁護士に聞いてみたいことを質問してもらいました。よくある質問は「年収はどれくらいですか？」とか「どうして悪いこと（犯罪）を犯した人の味方をするのですか？」などですが、生徒たちからのどんな質問にも、しっかりと的確な答弁をする弁護士の姿に、生徒たちも「さすが」という声をあげていました。

5. コラボ・ライブ授業：第2部「日本国憲法と法律とわたしたち」

　2時間目の授業は第2部「日本国憲法と法律とわたしたち」というテーマで、憲法と法律はどう違うのか、憲法と法律は私たちの生活や人生にとってどのようなものなのかというようなことを、弁護士と担当教師との「対話」のやりとりの中で、生徒たちにもわかりやすく解説し、彼らに考えてもらうことをめざしました。

　特に、この授業は、高校「現代社会」における「憲法分野」に入る前の導入として位置付けられていますので、生徒たちには、「憲法とは国民の基本的人権を保障するための最高法規である」ことと、「憲法を守らなければならない（尊重・擁護する義務を負っている）のは天皇・国務大臣・国会議員をはじめとする公務員である」ことを、しっかりと認識してもらうことをめざしました。

　ただそれを教科書的に教えるのではなく、生徒たちに憲法や法律について、よりリアルに感じてもらえるような具

体的な「話題・テーマ」を設定して、それについての「対話」が担当教師との間で展開できるようにしていきました。

　そのような「話題・テーマ」は、それぞれの弁護士が持っている興味・関心や課題意識など、これまでに弁護士として取り組んできた裁判や判例などをもとに設定していきます。弁護士一人ひとり違う「話題・テーマ」となることもありますし、全員同じ「話題・テーマ」で統一することもあります。

　いずれにしても、その時の「話題・テーマ」について、弁護士と担当教師との間での事前の打ち合わせはとても重要で、最低でも一回以上は必要です。直接会って話すことはなかなか難しいので、事前に語って頂きたいことの要望やプロフィールの提出のお願いなどをメールでやりとりする時に、2時間目の授業で取り上げる話題や、こちらからの質問や授業のシナリオ案などについて打ち合わせをしていきます（資料5）。

資料5　コラボ・ライブ授業2時間目の授業で弁護士に語って頂きたいこと

> 1．憲法と法律の違い
> 2．わたしたちにとって日本国憲法とは、どのようなものか
> 3．弁護士としての仕事の中で経験した憲法や人権に関わるような事例・事件について
> 4．弁護士である自分自身にとって日本国憲法と法律は、どのようなものなのか
> 5．いまの高校生たちに伝えたいこと

　実際のコラボ・ライブ授業もそうですが、このような事前の弁護士とのやりとりは、担当する教師にとって本当に勉強になり、それ自体が授業準備のための「教材研究」となっていきます。

　この「コラボ・ライブ授業」の後に、毎回生徒たちに感想文を書いてもらっていますが、それを読むと、生徒たちにとっても、いままでは教科書の中だけでしか見てこなかった憲法や法律、人権や裁判などについての言葉や概念が、実際にそれらを使って（活かして）仕事をしている弁護士からの話によって、それらが自分たちの生活や人生にも深く関わっているものであることをリアル

に感じ取ってくれているように思います。

――生徒たちの感想文から――

「現代社会」のコラボ・ライブ授業では、普段お話を聞く機会のない弁護士さんの話を聞けて、いつも受けている授業とは違った面白さがあり、また学ぶことも一杯ありました。今回、弁護士さんのお話を聞くまで、憲法というものが一体どのような役割があるのか全くわかっていなかった私は、憲法はすごく難しいものだと思っていました。しかし弁護士さんが言っていた憲法の作られた意味や歴史を考え、ただ苦手だと思うのではなく、少しでもその歴史の背景を読み取り、内容を少しでも理解しようとするのが大切だということがわかりました。憲法の大切さだけでなく、担当していた事件の話を聞き、弁護士という仕事は大変だと思いました。大変な分、事件（裁判）が解決したときに喜んでもらったりすることで嬉しくなるというのは、大変なやりがいのある仕事であることを今回の授業から学びました。

6. 教育のプロ・授業のプロである教師が教える「憲法学習」へ

　このような弁護士と教師が一緒になってつくる「憲法出前授業 – 憲法を語るコラボ・ライブ授業」の取り組みは、その時勤務していた高校においては2008年から私が退職する2016年まで継続して実施することができました。また、札幌弁護士会・憲法委員会の「憲法出前授業」も、全道各地の学校での開催が広がってきています。

　しかし、このような「憲法出前授業」は、あくまでも学校現場での教師による「憲法学習」の導入にすぎません。弁護士が「法律のプロ・裁判のプロ」であるならば、教師は「教育のプロ・授業のプロ」であるはずです。ほんとうの意味での「憲法学習」は、教師自身が普段の学校の授業の中で、しっかりと行われなければならないものだと思います。

参考文献

池田考司（1994）「青年の自立と教育の協同化のとりくみ」『教育』576号、1994年7月
林千賀子（2017）「教師と実務家の連携による憲法教育の実践について」『民主主義教育21』Vol.7
吉田俊弘（2014）「専門家・実務家とのコラボレーション」『主権者教育のすすめ』同時代社

第8章
デジタル・シティズンシップ
教育の授業

池田　考司

1. 主権者教育を時代に合った形で行おう

　全ての児童生徒が端末を教室で使うようになった時代、主権者教育でも端末を有効活用するのが当然だと思います。

　しかし、教室での端末使用が、Google検索の上位サイトを子どもたちが見て書き写すレベルに止まっていることが多いのも現実だと思います。

　Google検索もヤフー検索も上位には同じサイトが出てきて、場合によっては悪意や偏見が入り込んだものである場合もあります。

　それでは、教科書と資料集・副読本から探させる「調べ学習」の方がまだ安全だという次元になってしまいます。

　しかし、教科書や資料集・副読本の内容も決められた枠組みを超えるものはほとんどなく、批判的・創造的な思考・学習を保障するものにはなりません。

　その現状を変えることは、主権者教育にとっても重要な事柄です。

2. ネチケット教育とデジタル・シティズンシップ教育

　インターネットを活用した教育を行おうとすることへの躊躇が学校現場にはまだあります。インターネットには、子どもたちを事件に巻き込むリスクが存在しているからです。

　そのために長く行われているのが「ネチケット」教育です。

　「ネチケット」とは、情報の発信・受信時に生じるリスクや社会的責任、法

的責任を自覚し、インターネットを利用していくための作法のことです。

　例えば、警視庁の「インターネット上の犯罪・トラブル防止のためのネチケット」（2021年）には、次の「インターネット利用7か条」が載っています。

　①インターネット社会でも、実生活と同じルールとマナーを守る。

　②他人のプライバシーを尊重する。

　③住所・氏名などの個人情報を入力する時は、十分注意する。

　④ID・パスワードの管理を徹底する。

　⑤他人のミスを大げさに指摘しない。

　⑥メールを送る前に内容をよく確認する。

　⑦面と向かって言えないことは書かない。

「ネチケット」を伝えることは重要ですが、インターネットのリスクを過剰に考えてしまうと、香川県ネット条例（2020年成立、もともとはインターネット利用全般の規制案だったが、ゲーム利用規制に限定した）、愛知県刈谷市の条例（2014年施行、児童生徒の夜9時以降のスマートフォンや携帯電話利用の禁止）のような時代錯誤の動きになってしまうこともあります。

　できるだけインターネット・デジタル世界から子どもたちを避けさせたい。その思いはわからなくはないですが、もはや不可能なことです。

　実は、世界ではインターネットの積極活用の教育の方が主流になっているのです。その教育の中心に位置するのが、デジタル・シティズンシップ教育です。

　デジタル・シティズンシップとは、デジタル技術を使用して学習・創造し、責任を持って市民社会へ参加する能力のことです。

　デジタル時代における主権者教育の中核に、デジタル・シティズンシップ教育は位置づくべきなのです。

　ユネスコが2022年に発表した「グローバル・デジタル時代のシティズンシップ教育」には、次のように書かれています。

　　相互に接続されたデジタル世界は、情報への自由、平等、公正なアクセス、知識の消費と生産のための新しい場の開拓、人々、場所、文化をより直

接的かつ容易に結びつけること、世界観と世界における場所という観点から自分自身を理解する新しい方法を提供すること、個人と集団のアイデンティティをその世界的予測とともに表現する新しい方法を提供すること、民主的制度への新しい参加様式を確保することなどを約束した。

アメリカでは、アメリカ国際教育テクノロジー学会（ISTE）が情報教育基準（NETS）を設けており、その2007年版には、デジタル・シティズンシップの6つの基準があげられています。

1　創造性と改革
2　コミュニケーションとコラボレーション
3　調査と情報フルーエンシー（流暢に読み解き、使いこなす力）
4　批判的思考、問題解決、意思決定
5　デジタル・シティズンシップ
6　技術操作と概念

また、欧州議会の2018年に出されたデジタル・シティズンシップ教育に関する勧告には次のように書かれています。

1　デジタル・シティズンシップと他の関連用語について、明確な定義を行うこと。
2　学校管理者、教師、生徒、保護者のための制度的・法的責任の所在を明確にすること。
3　デジタル・シティズンシップ施策に家庭を包含するような最大限の努力をすること。
4　学校にデジタル政策担当者をおくこと。
5　指導案を作り、強く関心を引く教材を使って学ぶ事例を用いて解説すること。
6　何らかの傾向やポジティブまたはネガティブな副作用を検知するためモニタリング・メカニズムを導入すること。
7　価値観や態度、スキルおよび知識、批判的理解を教えるための教育発達研究を実施すること。

　これらを見ると、日本のインターネットに関する教育政策の遅れは明らかです。当面は、学校現場で教師たちが自主的に基準を設け、実践事例を発信していくことが必要だと思われます。

　それでは、実践事例（案）をこれから紹介していきましょう。

3. 国民の声が政治に反映していないと思ったら

　「40日で長期政権を倒した男――アルメニア"革命"の舞台裏」（2019年、アメリカ・アルメニア）は、長期独裁政権により腐敗と貧困が蔓延していたアルメニアで、SNSを武器にして政権交代を実現した政治家（現首相のニコル・パシニャン）の40日間の行動を追ったドキュメンタリー番組（NHK　BS「世界のドキュメンタリー」で放送）です。

　議会少数派政党の一議員であったパシニャンは、地方都市から首都へ向けてたった一人で政権交代を求めるデモ行進を始めました。デモ行進の最中、パシニャンはSNSでの発信を続けました。すると、行進に次々と人々が加わり、首都にたどり着いた時にその数は数十万に達していました。長期独裁政権は、その人々の数を見て、政権を放棄したのです。

　驚きのエピソードですが、SNSの正負の影響力を高校生も日常見ています。ハッシュタグムーブメント、ネット署名の影響力。その一方での炎上、バッシング、いじめ。

　では、自分たちの声を政治に反映させるために何ができるだろうか？　アルメニアのようなことが日本でも起こりえるのでしょうか？

　福島原発事故から1か月後、2011年4月10日、東京都高円寺でリサイクルショップ「素人の乱」経営者の松本哉の呼びかけで脱原発・原発再稼働反対を訴えるデモが行われました。東日本大震災の被害の甚大さ、予想はされながらも誰もが考えることを避けてきた原発事故の発生に誰もがどうしてよいかわからずにいた時、たった一人であげた声が、インターネットを媒介にして、同じ思いを持ちながらも行動する方法を見つけられずにいた多くの人々に伝わり、全国の人々に大きな影響を与える1万5千人が集まるデモの実現となったので

す。

　2012年3月29日には、脱原発首相官邸前デモが始まりました。このデモは、政党や労働組合等の団体は関係なく、インターネットで情報を知った人々が一人で参加することも多く見られました。その影響は、電力会社のすぐに原発を再稼働させようという動きに歯止めをかけ、未だに再稼働できていない原発がいくつもあります。

　インターネットで思いを広げ、その思い・要求を実現していく。それは、最近では新型コロナウイルス感染症下での「9月入学」を求める高校生中心のネット署名、2023年夏の猛暑を受けての「学校冷房の実現」を求める高校生によるネット署名等、高校生世代でも行われています。

　これらを参考にこんな授業をできないでしょうか。

　①自分が求める政策・課題は何だろうか？　みんなはどんな政策要求・課題を持っているのだろうか？　各自でまとめ、交流を行う。

　②その政策・課題を実現する方法に何があるかを考えてみる。インターネットの活用を方法の一つとして入れて考えてみる。

　③インターネット活用の具体的手続き方法を調べてみる。

　ここまでをまず行います。その上で、実行するものをグループで決めていきます。

　④各グループで取り組んでみる政策・課題と、インターネットを使った行動を決める。そして、実行してみる。

　⑤1か月後に、結果を集約し、検証してみる。

　この学習は、高校生が、大人になって切実だと思う政策・課題と出会った時に行動する土台となっていくでしょう。

4.　バッシング・いじめを防ぎ、闘う

　公正・平等な民主社会にあって、バッシング・いじめは阻止すべき有害な人権侵害行為です。デジタル・シティズンシップ教育のテーマとして、バッシン

グ・いじめは避けて通れないものです。

　ネチケット教育では、人権侵害をしない作法が教えられますが、よりリアルなバッシング・いじめの学習こそが、高校生にも影響を与え、日常の思考・行動に反映していくのではないでしょうか。

　①ネットも使ったいじめの事例を調べてみる

　深刻ないじめ事案が、毎日のように報じられています。その中にネットも使ったいじめが、多数存在しています。その詳細を調べ、ネットがどのように使われてしまっているのかを把握します。

　②シティズンシップ教育の観点から、何が問題なのかを話し合う

　日本国憲法、子どもの権利条約等も参照資料となっていくと思います。グループで整理を行い、全体で共有します。

　③いじめを行った背景、いじめられた背景を探る

　いじめはダメな行為だと報じられ、法律（いじめ防止対策推進法等）もあるのに増加の一途をたどっています。

　ということは、いじめをする側にも背景がありそうです。インターネットも使っていじめ事案の背景・論説を調べて整理してみます。

　いじめが生まれる構造（クラスの雰囲気・構成等）についての論考も調べてみます。

　そして、社会で盛んに起こるバッシング、その行為を行う人たちの心理についての論考も調べてみます。

　④いじめを防ぎ、いじめと闘うために

　①～③の学習をした後、「いじめを防ぐため、いじめと闘うために」何が大切なのかをまとめの学習として話し合います。

　「いじめはなくならない」と高校生の多くが思うでしょうし、実際にいじめを完全になくすことはできないと思います。いじめを起こす攻撃性を醸成するストレス、差別、貧困等が現代日本社会には多数存在しているからです。

　欧米で取られているようにいじめ防止では、いじめを生むストレスを抱えている児童生徒の把握とケアが最善策だと思いますが、そのようなことへの想像力も学習の中で培われていくのではないかと思います。

　また、いじめをただの「いじめ」ととらえず、「人権侵害」行為としてとら

え対処していく必要性も学んでもらいたいと思います。

5.　世界の課題を簡単に知ることができる利点を活用する

　「グローバル時代」「グローバル化」が盛んに言われていますが、実際の生活での意識は、小さな身近な世界にとどまっていることが多いのではないでしょうか。

　自分が使っているものの大半が、海外で生産され、長い時間を使って運ばれてきたものであることに自覚的な人は大人でも少ないと思います。

　かつてワールドカップで使われているサッカーボールが児童労働で作られたものであることがわかり、大問題になりました。

　スマートフォンや携帯電話の充電器素材のタンタルが、アフリカの内戦地帯でとられたものであることもあまり知られていません。『ブラッド・ダイヤモンド』（2006年）という映画では、きらびやかなダイヤモンドが、ダイヤモンドの利益をめぐる殺し合いを背景にして先進国に届いていることを告発していました。

　地球温暖化も、肉食の増加によるアマゾンの熱帯林の伐採等の環境破壊を要因の一つとしていることも、ファストフード店でハンバーガーを食べる若者たちには知られていません。

　翻訳アプリを使ってネット検索をして情報収集していけば、今まではできなかった世界の情報の調べ学習が簡単にできてしまいます。

　世界保健機関（WHO）のホームページでは、新型コロナウイルス感染症等の感染症についてどのように発信してきたのか。そして、今はどのような対策をしているのかを知ることができます。

　日本の教育は、世界の教育と変わりのないものなのだろうか？　日本独自の課題はないのだろうか？　そのことが日本の子ども若者に困難を与えていることはないのだろうか？　ユネスコ（国際連合教育科学文化機関）、国連子どもの権利委員会（UNHCHR）等のホームページを見て調べてみる。

　日本の有名企業は、どのように経済活動を行っているのだろうか。ユニクロの生産拠点・比率はどうなっているのか？　トヨタはどうだろうか？　企業の

ホームページで調べてみるのと同時に、企業活動の環境・人権面での課題・問題はないのかを検索をかけて調べてみることもできると思います。

6. ＜探究＞でのファクトチェック

　日本でデジタル・シティズンシップ教育について啓蒙・研究を精力的に行っているのが、法政大学教授の坂本旬（『デジタル・シティズンシップ＋』大月書店、2022年など関連著書多数）です。

　坂本は、新たに科目として位置づけられた「探究」（高校の「歴史探究」「地理探究」「総合的な探究の時間」「公共」等）が、デジタル・シティズンシップ教育の重要な場になるであろうと提案しています。

　坂本の紹介するデジタル・シティズンシップ教育の実践事例（ファクトチェック）を説明します。

　調査学習をしていく時、フェイクニュースに出会ってしまうことは避けられません。特に米国では、ネットによる扇動で2020年1月には、国会議事堂襲撃事件までもが起こっています。米国では、＜ファクトチェック＞をニュースリテラシー教育やフェイクニュース対策として大学や民間機関が活発に行うようになりました。

　ファクトチェックは、特定の価値観を離れ、（1）事実と意見を区別し、事実だけを調べる。（2）結論には、自分の意見を加えないとルール化して情報を評価するものです。

　日本の高校生・大学生のレポートには、事実と意見（引用者の意見、本人の意見）が混在していることが一般的に見られます。

　そのような状態では、ニュースやSNSを見る時も、ファクト（真実）を見抜くことは困難になってしまうのです。

　ファクトチェックでは、「横読み」が有効だと言われます。オンラインで情報の源流にどんどん遡（さかのぼ）って調べる方法です。源流にたどり着かない場合は、「不正確」となるのです。このことで、公平性を確保するのです。

　流される情報を素直に信じてしまう。権力を持つ者の言説を正しいものだと無批判に思い込んでしまう。それらの日本の人々の多くに見られる傾向は、フ

ェイクニュースを流す側からすると好都合なのです。

　ファクトチェックを日常習慣にすることは、デジタル・シティズンシップ教育の中で行うべき有効な内容だと思います。

　最近の国際的な問題として、ロシアとウクライナの戦争、ハマス（パレスチナ）とイスラエルの戦争があります。

　どちらも様々な映像がネット上、TVで流され、中にはフェイクがあるであろうことが予想されます。

　映像は、不安や怒り・憎悪という情動（動物も持つ感情の原初的なもの）をかき立てます。そこから戦争への肯定感が醸成されていきます。戦地で亡くなる人とその家族の苦悩・悲しみを超えて、怒りや義憤が上回り、残虐行為も時には肯定することになってしまうのです。

　ファクトチェックの方法と習慣を身に付けてもらうための教育は、デジタル情報社会の現在、とても重要です。

7.　アップスタンダー教育とデジタル・シティズンシップ教育

　坂本が、法政大学キャリアデザイン学部の『法政大学キャリアデザイン学部紀要』2021年度にまとめた論文のタイトルが「アップスタンダー教育とは何か」です。

　アップスタンダーとは、「不正義に直面した時に立ち上がる人」という意味を持った言葉で、米国の国際開発庁長官のマンサ・パワーが、2003年に、世界で行われている残虐行為を防止するための講演の中で用いた言葉です。

　この言葉が、＃MeToo運動等、女性へのDV防止のための社会運動の中で使われるようになり、知られるようになったのです。

　ホロコースト等の歴史上の不正義を教育に活かすための活動を行っているNPO「Facing History and Ourselves」の会議に参加したアメリカのニュージャージー州ウォッチングヒルズ地域高校の歴史教師たちが「人権が意識的もしくは無意識的に侵害される微妙な仕組みを変えるために必要なスキルを生徒に教えること」を目的にアップスタンダー教育を導入した「パワー・オブ・ワン」プログラムを始めています。

　ウォッチングヒルズ地域高校の歴史教師たちは、「歴史上、自分たちに影響を与える出来事が展開するのを傍観していた人たちのことを考えた。そこで、生徒に教える教育内容の本質を表現するために、「アップスタンダーズ」という用語を採用した。そして、すべての生徒が文化的に適切なアップスタンダーのカリキュラムに参加させるための効果的な方法を模索し始めた。そして私たちは「アップスタンダーズ」の文化を創造するプロセスを開始するため、内省的批判的分析、応用を促す歴史の授業を作った」と述べています（Frances C. Stromsland, Jamie Lolt Jonet, Mary Sok, *THE POWER OF ONE*：*CREATING THE NEWS CULTURE OF UPSTANDERS*）。

　前半に書いたように、デジタルに関する教育は、危険から子ども若者を守ることに傾斜しがちです。デジタル・シティズンシップ教育においてもその役割は必要ですが、このアップスタンダー教育のような発信・行動型の教育の役割を重要なものとして位置づける必要があるでしょう。

8.　全国各地でどこでもできる、世界・地域とつながる対話・交流

　デジタル端末の配付・普及は、今までの学校・教室内に閉じていた教育活動を社会へ世界へと拡げる条件をつくりだしました。

　2003年2月26日、日本国内のインターネット人口普及率が64.3％だった年、イラク・バグダッドの高校生たちと自由の森学園（埼玉県飯能市）の高校生たちによる「イラク対話プロジェクト」が行われました。

　イラク（フセイン政権）の大量破壊兵器武装解除義務違反を口実とした米国を中心とした有志連合による3月20日のイラク戦争開戦の直前のことでした。戦争の口実の武装解除義務違反は、亡命イラク人の偽情報であったことが、フセイン体制崩壊後に明らかになっています。

　戦争は、多くの人の命を奪い、生活・人生を破壊するものです。イラク戦争後のイラクは宗派間の対立による内戦が10年以上続くことになりました。

　思想や立場の違いを超えて、戦争を止める対話をしてみたいという高校生の取り組みはインターネットの普及によって可能となったものでした。

　イラク、日本の高校生は互いの国にある文化・歴史への尊敬や平和への願い

を話し合いました。

　ウクライナとロシア、ガザ（パレスチナ）とイスラエルの状況も、今、インターネットによってリアルタイムで知ることができます。現地の人々の声、ジャーナリストの取材報告も見聞きすることができます。

　世界の今を、国内・地域の今を教室とつなげることは容易になっています。

　翻訳アプリ等も日進月歩で進歩しています。外国の同世代の人々との交流を授業時間や探究の時間に行ってみてはどうでしょうか。海外で活動する日本人（NPOスタッフや国連職員、卒業生等）とつないで話を聴くことも可能です。

　教科書や副教材、ネットのサイト記事のみで情報収集するのとは次元の違う情報を得ることが可能です。

　国内・地域の人々との対話・交流・取材も学校から出なくても行うことが可能です。

　同じ日本でも遠く離れた地域の同世代と交流することで気づくことはたくさんあると思います。地域の特性、文化、産業、高校生の流行・日常、刺激的な情報を得て、視野を広げることができるでしょう。

　デジタル・シティズンシップ教育としてできることは爆発的に拡大してきているのです。

9.　ティーチャーからコーディネーター・ファシリテーターへ

　公共や総合的な探究の時間に、時事問題を調べるために取材してみる。リアルには行けない遠方でも、インターネットを使えば、取材が可能です。直接の取材は、細かい点まで聴き、疑問が出てきたら、さらに聴いていくということが可能です。

　このネット取材の方法を使わない手はないと思います。

　住んでいる地域（校区）の人への取材も、授業時間、部活動、移動などの関係で時間をつくることはなかなか難しいのが現実です。話を聴きたい相手の人も時間をつくって学校に来るというのが難しいということはよくあることだと思います。

　それならば、身近な地域の人にもインターネットを活用して取材・対話して

みるという方法を使うのが良いと思われます。

　北海道の漁村では、漁師の保護者に船上からインターネットを使って登場してもらい、仕事の様子をリアルタイムで伝えてもらい、子どもたちも質問もしながら学んでいくという実践がすでに行われています。この方法は、いろいろな職種・産業・地域で行うことができると思います。

　ICTの進行の中で盛んに言われているのが、「教師が情報を占有する時代は終わった」ということです。

　教師が調べて得た知識を子ども（生徒）たちに教えていく。子ども（生徒）の質問には、知識・情報量のある教師が答える。このようなずっと長い間続いていた教師と子ども（生徒）の関係は、コペルニクス的転換の時代に入っているのです。

　教師は、ティーチャー（教える者）として権威のある存在となるのではなく、コーディネーターやファシリテーター（調整者）として、子ども（生徒）に敬意を払われ、頼られる存在になる時代に入ったのです。

　子ども（生徒）が探究をしようと思っても、調査や取材の対象・方法をうまく持っているわけではありません。教師が、上手にコーディネートすることが重要になってくるのです。どこに誰がいるか。このことなら誰に聴けばいいか。どんな方法が可能か。そのことを教師が知っていれば、つなぐ役割を果たすことができるのです。

　そして、インターネットを駆使して対話を行おうと子ども（生徒）が思った時、あるいは、まとめの発表・討論の時、教師はファシリテーターとして上手に調整を行っていく能力が求められるのです。

10.　デジタル・シティズンシップ教育を始めよう！

　デジタル・シティズンシップ教育について述べてきましたが、ネチケット教育の方が大事だと考える人もたくさんいると思います。

　欧州では確立している「忘れられる権利」（自分に関するネット記述の完全削除を求める権利）の未確立、ネットによる人権侵害への調査・訴訟制度の脆弱性（攻撃的な記述をしてきた相手を調べ、訴訟を起こし、解決するまでに日本では

1年近くの時間と多大な負担がかかってしまいます）、ネット情報（IDやパスワード）の管理等に関する責任・義務の個人任せの状況等、デジタル・シティズンシップ教育が他国と比べて、安心して安全に行う条件が整備されていないのです。このことが、教師が実践に踏み出すことを躊躇させていることも現実問題としてあると思います。この点の改善を強く求めたいです。

　デジタル・シティズンシップ教育を思い立って始めて見ると、これまで紹介してきたように、今までの学校ベースにとどまっていた教育を大きく転換していくことが可能です。

　子ども（生徒）たちが自らの意思と力で学んでいくことが可能になっていきます。

　子ども（生徒）の「世界」も飛躍的に拡張していきます。

　そして、主権者教育、社会のあり方も大きく変えていくことができます。

　閉塞的で先行きが見えない現代において、未来へ向かって思考・行動していく条件をつくるデジタル・シティズンシップ教育はなくてはならないものだと思います。

　子ども（生徒）たちが持っている不安不満、課題意識、そして希望・要求を実現するために調べ、まとめ、行動していく学習の機会を創出することは、社会科や探究をも超えた学校教育の全体、さらには子どもの生活と発達のために有効な方法になっていきます。

　いじめ、不登校、虐待等子ども自身の身近にある課題について、社会的公正・人権が保障される場・関係世界をつくることを目指して行う学びはとても重要です。

　自分の生活する場、使っているモノ、関わっている人のことを深く知るための調査・探究は、子ども（若者）の社会意識を高め、その思考と行動によって、社会が誰もが生きやすい・幸せになれるものに転じていく条件を次々と創り出していくことが可能です。

　騙されない！　真実に気づくための「ファクトチェック」の方法を誰もが身に付けることは、誤った攻撃性の肥大化と差別・暴力等を減少させていくことになるでしょう。

　そして、同調圧力の強い、目立たずに、諦めの気持ちを持って生きるという

状況の現代日本社会をみんなで変えていくために、「アップスタンダー教育」を行っていくことは重要です。「批判的思考」という言葉が日本の教育政策文書ではほぼ使われていないという現実は、その同調性や無気力性を醸成する要因になっています。元気にものを言うのは60代以上という異常な状況を早急に変え、みんなで社会を再創造していく必要があります。

　たくさんのいろいろな大人との出会いは、子ども（若者）の人生イメージ・社会イメージを大きく変えていくと思います。それは、閉塞的な社会構造の転換へとつながっていくでしょう。

　最後に述べたように、これらのデジタル・シティズンシップ教育を行っていく時、教師はティーチャーからコーディネーター・ファシリテーターに変わっていく必要があります。豊富な知識量、巧みな話術・発問術ではなく、子ども（若者）の学びの世界が広がり深まっていくための伴奏者・支援者としての教師が求められるようになるのです。教師にこれからなる若者にはそのことを強く意識してほしいと思います。

参考文献

坂本旬・豊福晋平他（2022）『デジタル・シティズンシップ＋──やってみよう！ 創ろう！ 善きデジタル市民への学び』大月書店

坂本旬・芳賀高洋（2020）『デジタル・シティズンシップ──コンピュータ1人1台時代の善き使い手をめざす学び』大月書店

第9章
公民科で日本の政治を教える授業
——日本の政治過程に焦点を当てて

伊藤　航

1.「政治・経済」を学ぶのはなぜか

　私は「公共」「政治・経済」を教えるとき、生徒に政治や経済について、自分の頭で適切に判断できるようになってもらいたいと思って授業をしています。特に、「適切に」という部分が重要だと思っています。なぜなら、政治や経済についての話題は、どうしても「居酒屋談義」になりがちだからです。

　2022年11～12月にかけて、東京財団政策研究所が、経済学者282人と20～69歳の国民1,000人を対象に財政意識調査を実施しました。財政への危機感を有しているのは経済学者と国民も同じでしたが、認識の差が出たのが財政赤字の原因でした。学者の7割が「社会保障費」をあげたにもかかわらず国民では2割にすぎず、国民の7割が「政治の無駄遣い」、4割が「高い公務員の人件費」をあげました。このような認識のもとで、国民は、各政党が訴える財政赤字解消に向けての政策を「適切に」判断できるのでしょうか。

　この意識調査の結果は、経済についての適切な「見方・考え方」が、残念ながら国民にあまり身に付いていないことを表しているのかもしれません。いわゆる「見方・考え方」というのは、経済学者・内田義彦のいうところの「概念装置」であると私は捉えています。星空を肉眼で観察するのと望遠鏡を通して観察するのでは全く違う見方になるのと同じように、社会的な見方・考え方を通して社会的事象や自分の目の前の「世界」を見てみると、まったく同じ社会的事象でも違ったふうに理解・解釈できたり、「世界」をより豊かに体験でき

たりする。これが「見方・考え方」のありがたみです。授業を通じて学問の成果に基づいた「見方・考え方」を身に付けることが、政治や経済について適切に判断することができる主権者を育てることにつながると私は考えています。

2.「日本の政治」を教えるときの留意点

　皆さんは、「日本の政治」について、どのような授業を受けてきたでしょうか。また、自分が授業をするとして、どのような授業を構想するでしょうか。

　この分野は高等学校公民科では「公共」「政治・経済」で扱われますが、私が授業をするときに難しさを感じる分野の一つです。理由としてはまず、中学校社会科公民的分野（以下「中学公民」）との差を出しにくいことがあります。たとえば国会のところでは、「衆議院の優越」が認められる場合を紹介し、なぜ衆議院に優越が認められているのかを考える、というのが定番の流れですが、これは中学公民でも同様の流れで教えています（「衆議院の優越が認められている理由」についての記述問題は、高校入試でも頻出です）。したがって、授業づくりにあたっては中学校での既習事項を踏まえた上で「新たな視点」を取り入れる必要があります。

　理由のもう一つは、制度の説明に終始してしまいがちだということです。たとえば、選挙制度のところでは、選挙制度のちがいと特色（小選挙区制・大選挙区制・比例代表制）、日本の現在の選挙制度（衆議院と参議院のちがいなど）を扱いますが、「このようなしくみになっているんだよ」と説明して事足れり、とする教科書がほとんどです。さまざまな政治に関する制度を理解することはもちろん重要ですが、それをルールブック的に学ぶことにとどまってしまうと、もとから政治や選挙に興味がある生徒にとってはいいのですが、それ以外の生徒にとって関心を惹くものにはなりづらいところがあります。

　では、授業で扱う内容が生徒にとって考えるに値するテーマになるには、どうしたらよいのでしょうか。そのためには、生徒に謎・驚き（「なぜ？　どうして？」）、納得（「なるほど！」）、切実性（「自分事として考えてみないといけない」）、葛藤（「どうしよう？」）といった感情を持ってもらう必要があります。このような感情を生徒に生み出すために、私は、普段から次のような構造を意

識して授業づくりをしています[1]。

「具体的な社会的事象」を通して、「その授業で扱う内容（＝問い）」を考える

　「日本の政治」における具体的な社会的事象には、日々報道されている政治のニュースや過去に起こったできごとなどがあります。しかし、これらはあくまでその授業で扱いたい内容（＝問い）を具体化したものでなくてはいけません。以下に、いくつか例をあげます。

　　・「航空行政と航空業界の関係」を通して、「政官財のトライアングルとは何か」を考える
　　・「図書館の業務の民間委託」を通して、「どこまでを『公』が担うべきか」を考える
　　・「予算委員会での審議の様子」を通して、「政治家と官僚の間にはどのような関係があるか」を考える

　この構造は、日常的でよく知っていると思っていたことの中に、基礎的であったり現代的であったりする問いが隠れていたことを発見する、と言い換えることができます。

　後者だけを提示しても生徒は考える足場がありません。したがって、「なぜそうなっているのだろう」「この問題を解決するにはどうしたらよいのだろう」と切実さを持って考えることができません。一方で、前者だけを教えることはワイドショーの「三面記事」解説と同じになってしまいます。この二つがセットになって初めて、生徒が追求していくことが可能になるのです。

3.「政治・経済」での実践の具体例

　ここから紹介する実践は、高等学校公民科「政治・経済」での実践です。「日本の統治機構」という単元を設定して授業をしていますが、その中の「政治過程図」に関わる内容を紹介します。本稿のタイトルにある「政治過程」を図に示すと、次のようになります。

7 政治過程図

〈注〉2022.11.15現在。

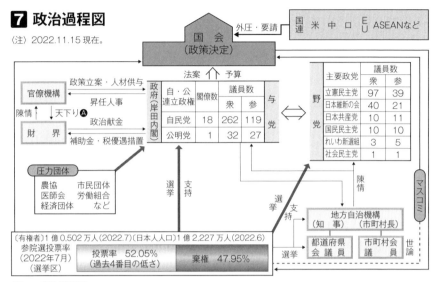

図1　政治過程図

［出所］『政治・経済資料2023』とうほう：p.142より

　「中学公民」との差を出し、制度の説明に終始しない「日本の政治」の授業をするために、政治のアクターとそれぞれの関係に注目していこう、というのがこの実践の趣旨です。特に、「政治家・官僚・財界」に成立している「鉄のトライアングル」に重点を置きます。

　生徒には、「ドラマを楽しむときには、それぞれのキャラクターの性格とその関係に注目するよね。日本の政治を考える時も同じで、それぞれのアクターの仕組みや役割とその関係に注目する必要があるんだよ」と伝えます。同時に、「ジグソーパズルと同じで、すべてのピースが集まって組み合わさって初めて意味がわかることもたくさんあるよ」と伝えておきます。関係性に注目するということは、国会を学習したときにはピンと来なくても、後に内閣を学習することではじめてわかることもあるということです。たとえば国会で「議員立法の促進」「国会における議論の活性化」などの政治主導の実現に向けた動きがあることを先に学びますが、これは内閣で学ぶ「行政国家化に伴う官僚機構の肥大化（委任立法の増加、政府委員制度など）」とセットにしてはじめて意味がわかる内容です。教師は「ゴール」がわかっているからいいのですが、生

徒にしてみると「迷路」をさまよっているようなもの。方向性や心構えを先に示しておくだけでも、「脱落者」が少なくなります。

　では、どのような授業をするのか、紹介していきます。

（1）「三権の長」の給与の違いを通して、「国権の最高機関」とはどういう意味かを考える

　国会両院の議長、内閣総理大臣、最高裁判所長官のうち、給与が最も高いのは誰かというクイズを出します。だいたいは「内閣総理大臣」と答えますが、正解は国会両院の議長です。このクイズを取っ掛かりにして、国民が直接選挙して選ぶ国会議員というアクターの役割や、他のアクターとの関係について理解を深めます。

（2）国会議員に認められる特権を通して、国会議員が「優遇」される理由を考える

　国会議員の給与が高い、とよく言われますが、具体的な金額を確認します。また、不逮捕特権・免責特権も紹介します。教科書記述だと「このようになっています」と制度の説明で終わってしまうのですが、そうすると生徒からは「国会議員は居眠りばかりしてるのに、特権を与えられていてずるい」なんていう声が出てきます（生徒は、「国会議員は居眠りばかり」というような情報を知っていることがなぜか多い）。そこで、三つの特権を紹介したのち「なぜそのように優遇されているか」と問い、国会議員が公正・公平に審議するためにこういった特権が与えられていることを理解します。また、ここで「こんなにお金は必要なのかな？」と話題を出しておくことで、この後の「金権政治」につなげます。

（3）国会のしくみを通して、国会で効率的に審議が進む理由を考える

　その年の通常国会で出された法律案・予算案・条約の数を提示し（2023年の場合は139）、会期150日という日数に対して多いことを示します。そして、この件数を効率的に処理するため、委員会制度が導入されていることを説明します。次に、国会で重要視される委員会はどれかを考えます。それは予算委員会

113

であると明かしたうえで（理由はテレビで放映される、国政のすべてにまたがって質問できるなど）、予算委員会の審議の様子をニュース動画で視聴します。その上で、このように質問します（二重カギカッコ内は生徒の反応）。「閣僚は何を持っていた？」（『分厚い紙の束』『原稿』）、「閣僚はどこを見て話していた？」（『下』『原稿に目を落としていた』）。この生徒の反応を受け、「じゃあ、その原稿は誰が作ってるのかな？」とさらに問います（詳しい生徒がいれば『官僚』と出てくるかもしれません）。「それについては次の授業でやります」と、次の内閣・官僚機構の授業につなげます。

（4）行政の役割がどれだけ大きいかを、公務員の人数から考える

　「日本には、公務員は何人いるか」を質問します。思い思いの数字が出てきますが、正解を教科書・資料集から探します（2020年：地方公務員274万人、国家公務員24万人）。これだけでは数字のイメージが湧かないので、「このうち、国公立の学校の教員数はどれくらいか」と質問を重ねます。「およそ100万人で、日本国民の1％は教員ということになる」というと『結構多いね』という反応が返ってくる（私の経験上です）ので、「なぜこんなに多くの教員が必要なのだろうか」と問います。そこから、人権の拡大（自由権から社会権へ）とそれにともなう福祉国家化について復習します。

（5）官僚主導の政治となっている理由を、首相・閣僚の平均在任期間から考える

　議院内閣制においては、政治家が「頭脳」で官僚が「手足」にあたると説明したうえで、官僚を指導する立場の首相・閣僚の平均在任期間を予想します。首相は821日と約2年余り、閣僚は約300日という数字を示し、これでも日本の政治が問題なく進んでいく理由を考えます。ここからいわゆる「官僚主導の政治」の仕組み（内閣提出法案の増加、委任立法、許認可行政）と弊害（天下り、汚職事件）を説明します。

（6）日本政治の構造上の問題（政官財のトライアングル）を、さまざまな事例から考える

　（4）（5）の学習で「官僚支配」と呼ばれる状況を理解したうえで、ここに政治家と財界（大企業）がどのように関わってくるかを、具体的な事例とともに考えます。政治のアクター同士の関係を考えるところですから、重点を置いて説明します。

　政治家と財界、官僚と財界の関係について、私は航空業界を例に説明します。ちなみに前者であればロッキード事件が、後者であれば山崎豊子『沈まぬ太陽』（新潮社）、森功『腐った翼』（講談社）の記述が参考になります。これらの結びつきによる弊害を是正するためのさまざまな法律・制度を紹介しますが、政治家と官僚の関係については、第2次安倍内閣以降に実施されたいわゆる「政治主導」に関わる政策や問題点（内閣人事局の設置、いわゆる「忖度」をめぐる問題——公文書問題など）も紹介します。

Ⓐ 政・官・財「鉄のトライアングル」

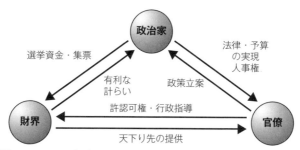

図2　政・官・財「鉄のトライアングル」
［出所］『政治・経済資料2023』とうほう：p.119より

（7）「TSUTAYA図書館」から、規制緩和の功罪を考える

　行政改革が叫ばれる中、規制緩和も進められています。このことについて佐賀県武雄市のTSUTAYA図書館を手がかりに考えます。生徒にTSUTAYA図書館を紹介すると、「うらやましい！　私の街にもほしい！」という反応が返ってきます。規制緩和をすればいいことがある、と単純に思いがちですが本当にそうなのか、「影」の部分について考えます。

（8）「政治改革の経緯」から、政治とカネの問題の根深さについて考える

　教科書でいうと、「55年体制」や「選挙制度」と言ったところに該当します。はじめに低投票率が問題となっていることを確認し、「いつから投票率が下がり始めたのか」をグラフから読み解きます。すると、1990年代から明らかに下がり始めていることがわかります。その上で、1990年代にいわゆる「55年体制」が終わり成立した細川内閣のもと、1994年に政治改革関連法が成立したことを紹介します。

　「改革した、ということは、何か問題があったということだよね。どういう問題があったんだろう。そして、『改革』を実行したら、投票率はどうなるだろう？　（『上がりそう』）でも、現実には下がってるね。何があったんだろうね」

　このように導入して、自民党長期政権下における「金権政治」とその原因の一つである選挙制度（中選挙区制）が問題とされ「政治改革」が行われたものの、改革後も引き続き「政治不信」が生じていることを説明します。選挙に当選するための3つの「バン」——ジバン・カンバン・カバン——を紹介し、いわゆる世襲議員が多い理由、政治活動にはお金がかかることも確認します。

（9）日本のメディアの現状から、メディアとの付き合い方を考える

　ここではまず、世論形成におけるマスメディアの影響を理解してもらいます。定番なのは選挙報道が結果にもたらす影響（アナウンスメント効果）ですが、私はいわゆるメディアスクラムについて、松本サリン事件の初期報道（河野義行さんを犯人かのように報道した）から説明します。また、それぞれの新聞社の報道姿勢や新聞社とテレビ局の関係なども紹介します（案外知らない生徒が多い）。その上で、インターネット、特にSNSの情報は信頼できるかを考えます。新聞をとっている家庭は私の勤務校で半分程度と、SNSが主たる情報源になっているのが現状ですから、この内容について触れておくのは重要です。具体的にはフェイクニュースやAIを用いたディープフェイク、自分にとって都合のよい意見のみが表示されits意見が正しいという確証が増強してしまうエコーチェンバー現象について扱います。

4. 主権者として「日本の政治」を見る目を育てる

　ここまで、日本の政治過程をどう授業するかを紹介してきました。この授業を通じて生徒から寄せられる感想として多いのは、「政治のニュースで何が報道されているのか、何が問題とされているのかわかるようになった」「ニュースの背景にある関係について初めて理解できた」というものです。この原稿を執筆している2023年12月現在、自民党の各派閥で行われている政治資金パーティにおいて政治資金規正法違反にあたる行為（いわゆる「裏金」づくり）が行われていたという疑惑が報道されています。この授業の利点は、こういった報道の「意味」が読み解けるようになることです（もっとも、このような報道がなされない政治が理想なのですが……）。

　また、生徒から寄せられる質問の一つに「どうやって投票先を決めたらよいのか」というものがあります。私はその際、誠実投票や戦略的投票、業績投票などの方法を紹介しますが、特に誠実投票や業績投票の方法を取るには現実の日本政治に存在する問題点を適切に把握することが必要であり、これは主権者として重要な力の一つであると私は考えます。この授業は「知識・理解」の側面が強いのですが、印象によらず事実に基づいて政治について考え判断する力を育む一助となるという点に意義があります。

注

1）この授業づくりの方法は、藤岡（1989）から想を得ています。また、こういった構造をもつ授業を考案する際には、中学校での実践、たとえば加藤（2013）や河原（2019）などを参考にすることが多くあります。

参考文献

内田義彦（1985）『読書と社会科学』岩波書店
加藤好一（2013）『中学公民の授業』民衆社
河原和之（2019）『100万人が受けたい！見方・考え方を鍛える「中学公民」——大人もハマる授業ネタ』明治図書出版
『政治・経済資料2023』とうほう
東京財団政策研究所（2023）「財政問題について経済学者と国民の意識はどう乖離するのか「経済学者及び国民全般を対象とした経済・財政についてのアンケート調査」の紹介」https://www.tkfd.or.jp/

　　research/detail.php?id=4263　2023/11/20閲覧

藤岡信勝（1989）『授業づくりの発想』日本書籍

南英世（2015）『学びなおすと政治・経済はおもしろい』ベレ出版

宮崎清孝（2009）『子どもの学び　教師の学び』一莖書房

第10章
アイヌ民族の格差問題への
認識を深める授業

山﨑　辰也

1. はじめに

　本稿は、アイヌ民族の格差問題の認識を深めることをねらいに、高校公民科で行った経済分野と倫理分野の融合形式による実践記録の報告です。

　これまで米田（本田）（1996）、森茂（2019）など、多くの論者から、アイヌ民族学習の課題は文化学習が中心で、差別や経済格差の側面に踏み込めていないことが言及されています。高校公民科でのアイヌ差別の学習も、法の下の平等の視点で取扱われることが中心で、経済格差の視点から取扱っているものは見受けられません。この理由として、アイヌの格差問題を取扱うと教育の中立性を問われる恐れがあると思い、教師が教えることを自制してしまうことが考えられます。この問題に対して、教科書に示される経済倫理の考え方を使って教育の中立性問題を担保し、社会認識の概念化を図る試みを行いました。

2. 実践内容──アイヌ民族の格差問題

（1）単元（題材）について

　授業の対象生徒は、北海道の道東オホーツク地域を代表する進学校の理系生徒80名です。

　学習指導要領やその授業の内容や方法にはそもそも価値があって、教師がそれを自覚しなければ、現在の学習指導要領の底流に流れる現状追認的な主権者教育実践が横行してしまいます。教師の学習指導要領やその反映物の教科書の

取扱い方次第で、目の前の生徒の主権者としての在り方が変わってくると考えています。

　本実践は、学習指導要領や教科書の内容を相対的に捉え、学校や地域の実情、目の前の生徒の実態に合わせて内容を組み替えています。具体的には、高校公民科「公共」の「日本経済の問題」の単元（6時間構成）の最後に、北海道の抱える社会問題であり、日本社会全体の問題でもある「アイヌ民族の格差問題」を経済倫理のアプローチで考察する学習内容を設定しました。

　授業のねらいは、アイヌ民族の格差問題の認識を深めるため、先人の思想や在り方生き方を手がかりにして考察を深めることです。単元全体の内容については、次の通りです。

---

　①中小企業と日本農業の問題（1時間）

　②雇用と労働問題（1時間）

　③公害問題（1時間）

　④消費者問題（1時間）

　⑤社会保障制度の問題（1時間）

　⑥アイヌ民族の格差問題（1時間／本時）

　この6時間目の題材として、歴史や思想の側面からアイヌ民族の格差問題について考察し、この問題考察の手立てとして新聞記事を活用する内容としました。

　本時の目標は、次の通りです。

---

　①アイヌ民族の格差問題を、関連する統計・データ、法律を読み解いて理解する【知識・技能】

　②ロールズやセンの思想を手がかりにアイヌ民族の格差問題について考察する【思考・判断・表現】

　③アイヌ民族の格差問題を身近な地域の抱える問題として認識する【主体的に学習に取り組む態度】

　本実践の特質は、次の２点です。

　第１は、現在の「エビデンスに基づく教育」で求められるデータや根拠の考察材料として、新聞を活用していることです。新聞には多様な２次的なデータや資料が示されており、新聞記事のもとになっている１次的データや資料に当たっていくことも可能となります。

　第２は、現在の社会系教科におけるNewspaper in Education（以下、NIEとする）実践で主流となっている生徒への放任型実践とは異なり、新聞を生徒の社会認識形成の入口として用いることを企図していることです。1940年代後半の高校初期社会科における「時事問題」の学習では、社会認識形成の手段として新聞を用いることが謳われており、1951年の『新聞教育の展開』にその実践事例が見られます。その後、1990年代から全国的にNIE運動が進められるようになるものの、社会系教科でのNIE実践の内容は、「生徒に社説を書か（せ）ました」、「新聞を作ら（せ）ました」、「読者の欄にみんなで投稿さ（せ）ました」、「新聞記事について調べ学習をさ（せ）ました」など、手段を目的化させ、生徒に調査を丸投げする形式の実践が中心となっています。社会系教科で新聞を活用するのであれば、目的はあくまで大目標の「民主主義社会を形成する主権者の育成」であって、新聞はそのための手段でしかありません。このため、高校初期社会科の新聞教育に倣って、新聞を社会認識形成の手段として用いる実践を試みました。

（2）学習過程について

【導入部】

　「導入」では、アメリカ経済教育で代表的なNational Council for Economic Education（以下、CEEとする）の高校向け教材である *Teaching the Ethical Foundations of Economics*（以下、『経済の倫理的基礎の教授』とする）における表1の「5つの役割カード①」を活用しました。

表1　5つの役割カード①（100万円の分配）

	分配額
役割カード1 年齢：不明 性別：不明 職業：不明 今年の家族収入：不明（保有資産：不明） 婚姻状況：不明	
役割カード2 年齢：不明 性別：不明 職業：不明 今年の家族収入：不明（保有資産：不明） 婚姻状況：不明	
役割カード3 年齢：不明 性別：不明 職業：不明 今年の家族収入：不明（保有資産：不明） 婚姻状況：不明	
役割カード4 年齢：不明 性別：不明 職業：不明 今年の家族収入：不明（保有資産：不明） 婚姻状況：不明	
役割カード5 年齢：不明 性別：不明 職業：不明 今年の家族収入：不明（保有資産：不明） 婚姻状況：不明	

[出所] National Council for Economic Education（2007）：pp.174-175より筆者作成

　この「5つの役割カード①」を活用し、年齢や職業がわからない状態（J・ロールズの定義する「無知のヴェール」を取り払った状態）で、「5人に100万円を分配するならば、どうすれば経済的に公平か」と問いかけ、3名程度でのグループ協議を行いました。いくつかのグループの意見を聞き、この状態では20万円ずつ分配するのが公平と確認した上で、本時の主題となる『毎日新

聞』道内版（2009年6月27日）の記事「アイヌ対象に奨学金」を紹介しました。記事の内容は、札幌大学でアイヌを対象とした奨学金制度（ウレシパ奨学金）を創設したことを報じたものです。

【展開部】

　この記事を読んだ上で、本時の核となる問い「なぜ、札幌大学はアイヌの特別入学枠を設定し、企業にアイヌの優先雇用枠を要請したのだろうか」を投げかけ、「展開」へと移行しました。なおこの優先雇用枠のある企業は、JR北海道、サッポロビール、北洋銀行、北海道銀行など、北海道を代表する企業が中心となっています。

　この理由を探るため、別の新聞記事として「日本経済新聞」のインターネット記事「教育機会などで格差　アイヌ民族生活実態調査」（2011年6月24日）と、その根拠となった北海道大学アイヌ・先住民研究センターの『北海道アイヌ民族生活実態調査報告』概要の2008年10月時点の調査データを提示し、アイヌの平均年収が全国、全道平均に比べ低い状況にあることを紹介しました。

　北海道内のアイヌの状況として、確認したのは次のデータです。

- 世帯年収が300万円未満の割合…44.3%（道外アイヌは44.8%／全国平均は33.2%）
- 生活保護を受けている道内のアイヌ民族の割合…5.8%（道外アイヌは7.6%／全国平均は2.3%）
- 大学まで通った人の割合…27.1%（道外アイヌは31.1%／全国平均は44.2%）
- 高校中退率の比率…12.9%（道外アイヌは12%程度／全国平均は2.1%）

　こうした格差が生まれた背景を、図1の北海道旧土人保護法（以下、旧土人保護法とする）から読み解く活動を行いました。

　旧土人保護法は、狩猟、漁業を生業とするアイヌに欠かせない毒矢を禁止し、農耕民として定着を図るため給与地を与えるというものです。この旧土人保護法の影響を身近な道東地域の写真から考察する活動を行いました。

　写真1は、釧路の春採湖から太平洋側の千代ノ浦を望んだ写真です。丘の上

第1条
　北海道旧土人にして農業に従事する者又は従事せむと欲する者には、1戸に付土地1万5千坪以内を限り無償下付することを得。
第2条
　前条に依り下付したる土地の所有権は左の制限に従ふべきものとす。
　1、相続に因るの外譲渡することを得ず。
　2、質権・抵当権・地上権又は永小作権を設定することを得ず。
　3、北海道長官の許可を得るに非ざれば地役権又は小作権を設定することを得ず。
　4、留置権・先取特権の目的となることなし。
　前条に依り下付したる土地は下付の年より起算して30ヵ年後に非れば地租及地方税を課せず又登録税を徴集せず旧土人に於て従前より所有したる土地は北海道長官の許可を得るに非されば相続に因る外之を譲渡し又は第1項第2及第3に掲げたる物権を設定することを得ず。
第3条
　第1条に依り下付したる土地にして其の下付の年より起算し15箇年を経るも、尚開墾せざる部分は之を没収す。
（略）
第9条
　北海道旧土人の部落を為したる場所には国庫の費用を以て小学校を設くることを得。
（略）

図1　北海道旧土人保護法（抄録）1899年制定

写真1　釧路市春採湖周辺

（2020年10月、筆者撮影）

の住宅地から春採湖に至る傾斜地が、農耕のための給与地として与えられた場所です。この写真をもとに、「このような海からの寒風吹き荒ぶ傾斜地を自分の農耕地とされたら、どうやって生計を立てるか」と発問し、グループ協議を行いました。生徒たちは「これは無理だ」、「土地を捨てる」、「別の場所で別の仕事で暮らす」などと回答していました。その後に、現在の給与地の未開墾の様子を写真で見せ、旧土人保護法第2条で土地の自由処分が禁止され、第9条で開墾しなければ没収という条文の影響について説明しました。

　また、摩周駅（旧弟子屈駅）裏の弟子屈コタンのあった場所を写真で示し、弟子屈コタンのアイヌは、屈斜路湖のほとりにある屈斜路コタンに強制的に移住させられたことについて説明しました。その後に、現在の屈斜路コタン周辺の写真も示しました。この近くには多くの生徒の訪れたことのある砂湯がある

第1条
　旧土人児童の小学校教育は此の規程による。
第2条
　旧土人児童満7歳に達したる日以後に於ける最初の学年の始を以て就学の始期とす。但し心
　身の発育特に良好なる者に在りては、区長村長戸長に於て監督、官庁の認可を受け、就学の
　始期を1カ年繰り上ぐることを得。
第3条
　旧土人児童の小学校修業年限は4カ年とす。但し土地の情況に依り、管理者又は設立者に於
　て、監督官庁の認可を受け6カ年に延長することを得。
第4条
　旧土人保護法に依り設置せる小学校及旧土人児童と其の他の児童とを区別して教授する尋常
　小学校に於ては、其の教科目各学年の教授の程度、及毎週教授時数は、第1号表及第2号表
　に依る（表は省略）。
　土地の情況に依り管理者又は設立者に於て、監督官庁の認可を受け季節を限り、前項の毎週
　教授時数を18時間まで減することを得。此の場合、学校長に於て各教科目の毎週教授時数
　を斟酌配当すべし。
（略）

＊教科目は「修身・国語・算術・体操・裁縫（女子）・農業（男子）」だった。

図2　旧土人児童教育規程（抄録）1901年制定

ため、生徒は「農耕に適した土地かどうかのイメージを持ちやすかった」とコメントしていました。

　次に、図2の旧土人児童教育規程から、格差の生まれた背景を読み解く活動を行いました。旧土人児童教育規程は、旧土人保護法第9条に則って設立された旧土人学校の教育内容を、北海道庁が定めたものです。

　生徒の読み解いた点は、「就学年限が6歳でなく7歳になっていること」、「修業年限が6年でなく、4年（小学校3年までの内容）となっていること」、「教科目に理科や社会が欠けていること」、「『国語＝アイヌ語』ではないこと」の4つです。ただし、難度の高い後者の2つについては、授業者の方から着目点を指示して生徒に気づかせるアプローチを行いました。

　これらの点を踏まえ、「なぜこのような教育内容にしたのか」と問いかけました。生徒たちは、「反抗の芽を摘むために、民族の歴史をわからないようにしたから」、「科学の知識を持たせないようにして、経済的な固定化をねらいにした」、「アイヌを目覚めさせないようにしたかったからだ」と回答していました。

　その上で、今度は出自等の情報を明らかにした状態（J・ロールズの定義する

「無知のヴェール」にかけられた状態）である表2の「5つの役割カード②」を使って、5人に100万円を分配する方法を話し合う活動を行いました。なお、『経済の倫理的基礎の教授』の「5つの役割カード②」の内容から本授業内容に合うように、役割カード1を「失業者」から「アイヌの失業者」に変更しています。

　この分配額を考えるための概念的道具立てとして紹介したのは、教科書に記載されているJ・ロールズの「格差原理」とA・センの「ケイパビリティ」です。「格差原理」とは、経済的な公正を目指すため、最も恵まれない人々に最も配慮する状態にすることであり、「ケイパビリティ」とは、所得の側面だけではなく、格差のある人の自由を高めるために必要な教養、知識などの潜在能力のことです。話し合いを通して、表面的な公平性より、不利な状況に置かれた人に配慮する方が、実質的な平等につながるという考え方に共感が集まり、生徒はアイヌの失業者に20万円から100万円を分配しました（平均値42.2万円）。

【終結部】

　「まとめ」では、札幌大の差別解消に向けたアファーマティブ・アクションの取組について、評価（A～Eの5段階）とその理由をワークシートに記入する活動を行いました。結果は「A：33名、B：33名、C：8名、D：3名、E：2名、空欄：1名」で、Eの2名は「文化学部だけの取組だから」、「定員数が少ない」と理由を挙げており、この取組自体を否定するものではありませんでした。

　振り返りとして、その後のウレシパ奨学生についての記事「アイヌ民族それが誇り」〔「北海道新聞」全道版（2013年4月19日朝刊）〕を配布し、奨学生のアイヌ文化伝承活動への思いを紹介して授業を終結しました。

　この奨学金制度を中心となって導入した札幌大学の本田優子さんは、大学卒業後に、在野でアイヌ語・アイヌ文化研究をしていた萱野茂さん（のちアイヌ初の国会議員）に弟子入りし、11年間平取町二風谷に住みながらアイヌ理解を深めていった方です。この二風谷在住時に行ったアメリカ先住民族教育の視察調査から、「アイヌにたいする民族教育システムの確立こそが、アイヌ文化伝

表2　5つの役割カード②（100万円の分配）

	分配額
役割カード1　アイヌの失業者 学歴：**高校中退** 今年の家族収入：**80万円**（保有資産：**30万円**） 年齢：**28歳** ＊母子家庭で家計収入が低いため高校を中退して建設業界で働きました。建設業界の景気悪化のため、2ヶ月前に解雇され、スキルの問題から新たな仕事が見つけられていません。安定的な職に就いて落ち着きたいと考えています。	
役割カード2　中学校教師 学歴：**大学卒** 今年の家族収入：**1,000万円**（保有資産：**1,500万円**） 年齢：**40歳** ＊中学校の音楽教師です。結婚していて配偶者も働いています。配偶者の収入は年間600万円で、自らの収入400万円と合わせ、家族収入は1,000万円です。子どもが2人いて、子どものための大学資金の貯蓄を始め、より大きな家に引っ越したいと考えています。	
役割カード3　芸術大の大学生 学歴：**高校卒** 今年の家族収入：**0円**（保有資産：**20万円**） 年齢：**19歳** ＊国公立芸術大の1年生です。妹が2人と弟が1人います。両親はあと1年間だけ学費の援助をすることができます。その後はアルバイトをすることで学費の全てを払うことを期待しています。最終的には美術史の修士号を取得し、美術館で働きたいと考えています。	
役割カード4　企業の重役 学歴：**大学院（修士）卒** 今年の家族収入：**4,500万円**（保有資産：**2億5,000万円**） 年齢：**54歳** ＊出世の階段を上っているところで、大規模な工場と、300億円の年間売上額を持つ部署を運営する責任があります。通常1日12時間勤務し、長期間出張する必要があります。工場には2,000人が雇用されており、その多くは非正規雇用労働者です。いつか社長になりたいと思っています。	
役割カード5　退職者 学歴：**高校卒** 今年の家族収入：**500万円**（保有資産：**3,500万円**） 年齢：**68歳** ＊3年前に鉄鋼労働者の仕事を退職しました。社会保障と企業年金で十分に生活することができます。しかし、住宅ローンの支払いが残っており、家の修理も必要です。妻は2歳年上で、毎月高価な薬を必要としています。	

［出所］National Council for Economic Education（2007）：pp.172-173.より筆者作成

承活動における中心的な課題」と確信を持つようになり、ウレシパ奨学金はその思いを結実させた 1 つの取組であることを紹介しました。

3. おわりに

本実践の成果は、アイヌ民族学習の課題とされる差別や経済格差の問題に踏み込んだことです。本実践で取扱ったアイヌ民族の格差問題のように、学校教育には教育の中立性問題の関係で触れられずに残されている学習内容は他にもあるはずです。

教育の中立性問題を恐れて、教える内容からイデオロギーの側面を切り離そうとすればするほど、現在の社会制度の解説に終始することになって、現状の社会適応を求める保守勢力への奉仕教育にしかなりません。教師が保守政党による政治的中立性の圧力に忖度をして教えないことで、政治的中立性を犯してしまっている構造があるのです。

結局のところ、法的拘束力のある学習指導要領の内容を踏まえながらも、「生徒をどのような主権者として育てたいか」という教師としての軸が主権者教育実践で問われているのだと思います。

＊本実践は、第 26 回 NIE 全国大会札幌大会（2021 年）における実践発表の内容をもとに再構成したものです。

参考文献

小川正人（1997）『近代アイヌ教育制度史研究』北海道大学出版会
勝田守一（1972）『勝田守一著作集 第 5 巻 学校論・大学論』国土社
シドル、R.／ウィンチェスター、M. 訳（2021）『アイヌ通史――「蝦夷」から先住民族へ』岩波書店
セン、A.／池本幸生ほか訳（2018）『不平等の再検討――潜在能力と自由』岩波書店
全国新聞教育研究会編（1951）『新聞教育の展開――新聞教育の実験報告』読売新聞社
National Council for Economic Education（2007）, Teaching the Ethical Foundations of Economics, NCEE.
本田優子（1997）『二つの風の谷――アイヌコタンでの日々』筑摩書房
森茂岳雄（2019）「社会科における多文化教育のカリキュラム・デザインと単元開発」森茂岳雄・川﨑誠司・桐谷正信・青木香代子編著『社会科における多文化教育――多様性・社会正義・公正を学

ぶ』明石書店

米田（本田）優子（1996）「学校教育における『アイヌ文化』の教材化の問題点について──1960年代
　後半以降の教育実践資料の整理・分析を中心として」『北海道立アイヌ民族文化研究センター研究紀
　要』第2号：pp.133 − 139

ロールズ、J.／田中成明ほか訳（2020）『公正としての正義　再説』岩波書店

第3部

提起篇

主権者教育をやろう

第11章
探究の時間で主権者教育をやろう
──教室から地域社会に飛び出していく生徒たち

米家　直子

1.　総合的な探究の時間は

　「総合的な探究の時間」は社会参画の技能を育てることができる時間です。社会的な課題を探究する過程で、その課題を自分事としてとらえるまなざしを持てるようになるだけでなく、どのように自分が社会参画できるのかを試行錯誤することができます。主権者教育にはもってこいの時間と言えます。

2.　探究活動が始まったきっかけ

　北海道池田町清見ヶ丘には２つの「高校生看板」があります。池田農場開放記念碑と、その農場長を讃える久島重義翁彰徳碑のそれぞれの説明看板です。いずれも生徒が作ったもので、石碑についての説明文と、その看板設立の経緯が書かれています。説明文の最後には看板作成に関わった生徒たちの名前も記されています。数十年後、この看板を見るために、彼らはきっと清見ヶ丘を再訪することでしょう。そして、思いがけず広がっていった学びの楽しさを思い出すことと思います。

　事の発端は、新型コロナウイルスでした。３か月の休校とその後の分散登校の中で、ある３年生が口にしました。「マジ、つまんねえ！」休校を拍手喝采で迎えた生徒たちでしたが、「ゲームにも飽きた。家にいるのも飽きた。とにかく何かしたい」「学校が始まってもどうせ行事はまともにできない。高校最

後の1年、こんなことで終わらせてたまるか」「何かをやりたいんだよ、先生！」という内容を口にし始めました。それまでもの静かだった生徒らも、同様のことを口々に言い始めていました。

　これまで授業の中で様々な学びの誘いをしても、多くの場面でやんわりと拒否されてきた私は、この生徒らの発言に戸惑いました。「先生の言うことはわかるけど、部活動で忙しいんです」「面白いかもしれないけど、成績に関係ないならやりたくないです」。こうした生徒の対応に私は慣れ切っていたからです。しかしコロナ休校後の生徒の変容を見て、休息と十分な時間があれば、何かワクワクする活動を生徒は求め始めるとやっとわかったのです。そこで、私はある提案をしてみました。

　「通学路に、石碑があるでしょう。あれは、何の石碑が知っているの？」「知りません。そんなのあったかな……」

　「授業でも取り上げたけど、大戦中に小作人たちが自力で農地解放を勝ち取って、自作農になったという喜びの記念碑なんだよ」

　「は？」

　「あまり知られていないんだよ。だから皆さんで、説明看板でも立ててみたらどうかな」

　「……え？　やばくね？　おもしろそう！　やろうぜ！」

　こうして、生徒の看板作成活動が始まったのです。分散登校で時間が十分にある中で、まずは石碑のリサーチを始めました。学校から徒歩5分というアクセスの良さもさることながら、通学路にあるというロケーションは「いつでも学べる」教材だったのです。

　「石碑の裏に名前がいっぱい彫ってある。この碑を立てた人たちの名前だ。小作農から自作農になった人たちの名前なんだ……」

　「この人は友達のおじいちゃんかも？　そんなことない
か。もっと昔かな？　ひいおじいいちゃんかな？」

　「この碑についてネットで調べよう」

　「ネットで調べたけど、詳しいことは出てこないな。本で
調べるか？」

　「こんなこと載っている本なんてなるの？　そもそもどこ

写真1　池田農
場開放記念碑

にあるんだ？　図書館に行くか？」

「うーん、役場の人なら知っているんじゃないか？」

こうした会話を聞いて、私は、自分が生徒を誤解していたと感じました。生徒は、面白いと思えば、こちらが誘導しなくてもいろんなことに気がつき、さらに（ネット以外でも）調べ始めます。それまで職員室で時々聞こえてくる会話、例えば「最近の生徒は、本当に勉強しない」「調べるように指示しても、コピペばかりだ」などの内容に同意することもあった私でしたが、この頃から、生徒は自分が本当に学びたいと思えることに出会えたら、足を使ってでも調べ始めるという確信を持つようになりました。そして「本当に学びたい」という意欲を制限してきた何かが、学校や教師の側にあるのではと考えるようになりました。

3.　学びが広がっていく

生徒らは、池田町史だけでなく、池田農場について書かれた古い資料なども読みだしました。時代背景を理解しようとすると、調べ活動の範囲もおのずと広がっていきます。結果として、池田農場のことだけを調べようとしただけなのに、姫路城で知られる池田家の変遷、明治の開拓、大土地農場における小作人の実態などについて、鮭が川をぐいぐい上っていくように、多少の障壁をものともせず学んでいくようになりました。

調べ活動を進める中で、地域の方から情報提供をいただき、石碑に名前が刻まれた人物のひ孫にあたる人にもインタビューをすることができました。インタビューをすることで、文献資料からは感じ取ることができない、当時のリアルを感じられたようでした。この時にも、アポイントメントからインタビューの記録、その後のお礼など、その活動に関する諸々のことも生徒は楽しそうにやっていました。それは、教師に強いられて「（いつかわからない）将来のための勉強」をしていた時には、見たことがない姿でした。

その後、いよいよ看板を作成する決意をしたようなので、その作成費用について尋ねてみました。

「お金はどうするつもりなの？」

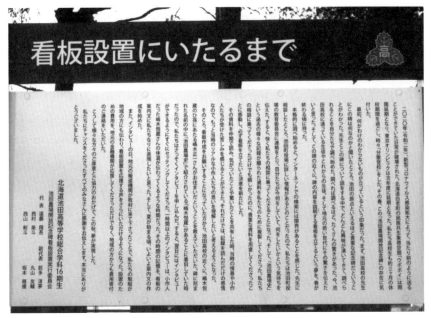

写真2　池田農場開放記念碑の説明看板（裏側）

「うーん、学校は出してくれないですか？」

「学校は、年度途中で、予定していなかったお金をいきなり支出することができない組織なんです。しかも一部の生徒だけの学びに、20万も出すという判断は難しいと思うな」

「じゃあ、誰かに寄付してもらう！」

「誰に……？」

看板作成費用は、幸いにも地元の帯広信用金庫から「高校生応援プロジェクト」の一環として支出していただけることになりました。とはいえ、これまで農業高校などでの食品開発などを応援していた信金さんにとっては、今までにない探究活動のタイプだったようです。結果として、信金さんからは、生徒に対して多くの質問をいただきました。

「説明文には何を書くつもりですか」「誰を対象とした看板ですか」「着工予定、完成予定の目処はいつですか」「看板作成の施工はどこの業者に依頼予定ですか」「そもそも、どうして看板が必要なのですか」そして、「なぜ、この探

究活動をしようと思ったのですか」

　最後の質問は大問題です。「おもしろそうだったから」では、相手が納得して資金を提供してくれないかもしれません。何か大義名分が必要になります。そこで「地域貢献」という言葉をキーワードに、自分たちの活動のコンセプトを整理し直すことになりました。自分たちが好きで始めた活動に社会的な意味づけをしていくという課題を課せられたのです。この時、自分たちだけの学びから、地域社会に貢献する活動にバージョンアップさせるという思いがけない展開が起きました。興味本位で始めた活動だったのに、地域の多くの人の関心と協力を引き寄せて、地域の人も含めた協働的な探究活動に発展していくことになっていくのです。

4.　教師は何をしていたのか

　ワクワクする出会いや展開を通して、学ぶ喜びを手にしていった生徒たちに対して、教師である私はどんな役割を果たしていたのでしょうか。私は時々、活動の伴走者であり、ある場面ではコーディネーターであり、また、活動の節目でリフレクションに付き合う人でした。少なくとも「一方的に知識を伝達する人」ではありませんでした。そして、自分では意識してはいなかったのですが、一貫して私は、「励ます人」でした。大人の私にとっても初めての経験で、私自身が「こんなことをしていて大丈夫なのだろうか？」「本当に看板はできるのか？」と不安を覚えることもしばしばでしたから、生徒たちはなおさら不安を感じていたと思います。よく生徒には聞かれました。「俺たちのやっていること、大丈夫ですか？」「本当に、看板ができると思っていますか？」

　その度に「ええ、もちろん大丈夫です。できると思っています。例えもし、できなくても今、自ら学んでいる過程そのものに、大きな意味があると思っています。この調子でいいんです。君たちは、素晴らしい活動をしています」という内容を、何度も何度も伝えました。当時、この探究活動に対する理解を得るために、校内外で様々な調整や連絡を強いられ、少なからず困難と不安を抱えていた私でしたが、生徒が学びたいことを見つけて、学びたい方法で学んでいる行為に対して、絶賛する以外の選択肢はないと考えていました。生徒に

「その調子でいいんだよ」という内容を伝える中で、自分が「Teacher」から「Educator」に変容していく感覚も持ち始めていました。

5.　看板が完成、そして……

ついに看板は完成しました。

説明文の最後の日付は2020年11月3日です。この日付は、日本国憲法公布を記念した「文化の日」です。ちょうど、完成が11月初旬になりそうだったので、看板に記す日をいつにするか生徒が考えていた際、相談相手となった私が1つの選択肢として提案しました。

写真3　池田農場開放記念碑説明看板を作った生徒ら

「文化の日にしたらどうかな。戦争が終わって、平和な社会を目指す憲法ができて、その憲法を公布したのが、この日です。文学や音楽、映画を楽しんだり、文化を味わえたりするのは、平和だからです。そして学ぶ楽しさをこうして味わえるのは、平和だからだと私は思うんです」

生徒はこのアイデアを採用してくれました。「いいね、ピッタリしょ！」

説明文の裏面には、看板設置にいたるまでの経緯と活動に参加した生徒たちの名が書かれていました。私は、生徒らが個人情報である名前を記すことに驚いたのですが、彼らは当然のように原案の時から書いていました。石碑に掘られた名前に導かれるようにして、探究活動を進めて来たのですから、当然の選択だったのかもしれません。「思いを込めてそこに名前を刻み、地域にとって重要だと思うことを後世に伝える」行為を、自分たちもしたかったのかもしれません。

看板完成後、お披露目セレモニーを実施することにしました。役場職員や学校関係者だけでなく、協力していただいた地域の方や信金職員も招きました。吹奏楽のファンファーレと共に除幕をして、関係各位からだけでなく、東京在住の池田家当主からもメッセージをいただくことができました。関西出身の私は、初冬の寒さに震えていましたが、生徒たちの瞳からはビームが出ていまし

た。

　ついに一連の活動が結実しました。ほっとしていた私に、生徒から衝撃的な発言をもらいました。

「先生、来年ね、後輩たちにやってもらいたいことを伝えておきましたから」

「は？」

「ここから少し離れたところにある、もう1つの石碑にも看板作ることになっていますから」

「え？」

「池田農場の農場長を讃える石碑ですから」

　こうして、第二弾のプロジェクトが始まったのです。

写真4　池田農場開放記念碑の説明看板（表側）

6. 脱Teacherとなって学んだこと

　前年の活動を通して、私は「脱Teacher」となって、以下のことを学んでいました。

・生徒は、本人が学びたいと思ったことに出会えたら、自分に適した方法を模索しながら学び始める。学びたいと思った教材に、生徒が自力で直接アクセスできる場合、学びは加速化する。

・上記の状態になるためには、一定の時間が必要である。また、学んでいる最中にも、本人の学び方や学ぶペースを尊重することで「学ぶ」ことを生徒が取り戻し始める。

・学ぶ喜びを取り戻した生徒に必要なのは、教師からの一方的な知識の伝達や指示ではなく、生徒自身が「自分は学び続けることができる」「自分が学びの主体者である」と確信を持てるような励ましである。

・励ましは、単に声かけを意味するのではなく、活動に伴走したり社会的な意味づけをしたりすることなど、生徒の発達段階や活動の段階などに応じて、変化していく。

・私は、生徒に何かを教示するTeacherという存在から、Educatorに変容できる。

7.　第二弾が始まる

　新しい第二弾のプロジェクトを生徒らが始めようとしていた時、私は繰り返し言いました。

　「先輩に言われたからと言って、無理してやらなくてもいいと私は思っているんだよね……」

　「色々と予期せぬことが起きるから、大変だよ……」

　しかし生徒は、そうした私の懸念に全く取り合ってくれませんでした。

　「どうして、先生は止めようとするのかわからない。おもしろそうじゃん！」

　早速、生徒らは石碑を見に行きます。劣化していて読みにくいだけでなく、かなりの高さなので、1字1字読んでいると首が疲れてきます。そもそも現代文ではないので、簡単には読めません。やれやれ、どうなることやら。そう思っていると、生徒が石碑によじ登り始めました。

　思わず「危ないよ！」と言いそうになった私でしたが、その言葉を飲み込みました。生徒は字を確認するために登っているのだから、止めるべきではあり

ません。その生徒は言い始めました。「まずい。マジでわかんない！」

　何人かの生徒が、碑文の写真を撮り始めます。かなりの表面積なので少しずつずらしながら全体を撮っているようでした。学校に帰ると、生徒達は数行ずつを分担して、解読を試み始めます。難しくてよくわからない漢字は、手書きで書いてデータに変換し、無料ソフトで検索していました。私はただ、そばで佇むばかりです。私が伝えたのは、生徒らが「やっぱ読めないなあ。先生どうしたらいいと思いますか」と問われた際に「先輩たちはこういう時に、どうしていましたか」と応じた言葉のみでした。

　生徒達は「役場に聞きにいこう」と、いそいそと役場に出かけて行きます。その後、役場に碑文全体の資料があることを知り、それをもとに解読作業を始めることにしました。困った時には古典担当の先生の知恵を借りました。正確に現代語訳するために、解読に慣れている大学教授にも助けてもらいました。

　楽しく解読作業をしている生徒らの傍で、私がイライラすることもよくありました。解読がスムーズに進まないからです。1時間かけても1文も進まないこともありました。出てくる単語の意味がわからなかったり、当時の行政組織について理解を深めないとわからない部分があったりしたからです。私なりに、大体こういう意味だろうという目星がついていましたが「自分から言ってはいけない」という気持ちで、様々な資料をさりげなく用意しつつ、我慢して長い時間待っていました

8.　教室を出て、地域へ

　次に生徒たちは、農場長のことを色々と調べ始めましたが、文献からはわずかなことしかわかりませんでした。困った生徒たちは役場職員の知恵を借りて「農場長のことについて知っている方は、学校に情報をお寄せください」という内容のチラシを作成し、地域に配布しました。残念ながら「知っている」と言う人は現れませんでしたが「高校生がんばれ、お金が足りないなら寄付をするよ」「私が住んでいる地区の歴史についても調べてほしい」などの電話が学校にかかって来るようになりました。そのたびに私は「そのまま生徒に、すぐに伝えます」という返事をして、その通りにしました。地域からの応援メッセ

ージは、生徒に高揚感と励ましを与えました。そして「かつて、こんなことを聞いたことがある」などの伝聞情報も寄せられるようになりました。地域の声は探究活動を支える重要な要素でした。生徒の探究活動が、教室に留まるのではなく、地域の人々の中に、重層的あるいは協働的に広がっていくように私には感じました。

さて、再び看板作成のお金が必要となりました。昨年度お世話になった信金さんからは「昨年は初めてのことなので応援させていただきましたが、今年はやはり、地域のことなのですから、町に相談したらどうでしょう」とのご助言をいただきました。

役場に相談すると、子どもの活動のための基金を主管している課がこの話を引き受けてくれました。しかし、基金から看板代を支出するにあたっては、様々な書類の提出やプレゼンが必要だとのことでした。確かに税金から支出するのですから、それなりの手続きを求められて当然だと思いました。求められた書類は、生徒にとっては多い量であり、かつ簡単には書けない質のものでした。この書類を書くために、生徒たちは施工業者に見積もりの相談をするなど、解読作業とは別の活動を並行して行い始めました。それに加えて、汚れている石碑の掃除をすると言い出し、役場職員にも手伝っていただき、表面を水洗いしました。つまり並行して様々なことを分担・協働しながらやり始めたのです。

内心、私は「よくやるなあ……。私は、高校生の時に、いかにタイパ良く受験勉強をこなすかという発想しかなかった。協働なんて発想はなく、いつも競争だった。勉強するという行為は、自分だけの将来を安定化させるための個人的な行為だった。受験が終わったら、ほぼ全ての勉強の記憶を失った気がする。あの勉強は一体なんだったのだろう……」という気持ちでした。

9.　教師としての変容

さて、なぜ私は「碑文読解の正解を言ってはいけない」と我慢できたのでしょうか。

前年に、ある生徒が「先生は知っていましたか？　これはすごい価値ある石

碑なんですよ！」と興奮して私に言ってきたことが忘れられなかったからです。

「何度も私が、価値があると説明してきたのに、この生徒はまったく聞いていなかったんだ」という微かな怒りを感じた後で、考え直した経験がありました。「いや、聞いていたかもしれないが、価値があるとは認識しなかったんだ。しかし、自分がすごいことに気づいたと思うと、こんなに喜んで人に伝えようとする。自分が学びたいと思った時に、本当に知ろうとするし、学ぶ喜びを分かち合おうとまでするんだ。ということは、教師が一方的に知識を伝達することが、生徒の学びの障がいになっていることがあるかもしれない。教師はもう少しこうしたことに注意を払うべきなんだ」と。また、即応性がない生徒を表現力や考察力がないとみなして、適切な評価をしていなかった自分にも気がつくようになりました。

だから、耳をすませながら、生徒を待つことにしたのです。しかしそれは、教科書を年度内に終わらせるために、効率よく教師が説明をすることが大切だと思っていた私にとっては、不安が伴うことでした。ところが慣れてくると、それは喜びを伴う行為になっていきました。生徒が「ここがわからない。先生は、どう思いますか」と問い始めた時に対話をすれば良いだけのことでした。生徒の既知の知識がどのような状態なのかお構いなしに一方的に説明するよりも、生徒の問いから対話を始めて、本人の語彙を共有し発展させながら話す方が、よっぽど楽しい時間だったのです。関係性も変わりました。上下関係、つまり教師が生徒に教えるという関係でなく、人と人が対等に問いについて対話するという関係になって行きました。いつの間にか私は、生徒に対して、丁寧な言葉遣いをするようになっていきました。

10.　予期せぬ第三弾

さて、この第二弾の除幕式も無事終わり、再びほっとした私に、予期せぬ第三弾がやってきたのです。

「先生、せっかく２つも看板ができたから、後輩たちには歴史ガイドをしてもらいたいと思っています」

「えっ⁉」

　こうして現在は、石碑紹介を含む高校生
ガイドツアーを検討中です。昨年度はコー
スや説明内容などの素案を練って、地域の
観光施設で町民向けにプレゼンをさせてい
ただきました。今年度は、すでに町長にも
参加していただいて実証実験も行いまし

写真5　久島重義翁彰徳碑説明看板を作
った生徒ら

た。今回も生徒は、私が予想していなかった学びをし始めていました。歴史だ
けでなく自然についても学び始めたのです。

　「先生、この木はアイヌ語でなんて言うか知っていますか？」

　「え？　知らないから、ぜひ教えてほしいです」

　「今度、木に詳しい地域おこし協力隊の人に来てもらって、実際に葉や木肌
の特徴なんかも確認しながら、自然についても学ぼうと思っているんですよ」

　「いつの間に、そんな風になっていたの？　素晴らしいです！」

　「そうですよ、先生！　私たちはみんな、素晴らしい生徒なんですよ（笑）」

11.　Educatorへ

　私は現在、Educatorに変態中で、以下のことを習得しつつあります。

・他者に分かち合いたいというほどの学びを経験した生徒は、その成果につ
　いて、自分だけのものにとどまらせるのではなく、自ら他者に表現し始
　める。生徒が表現し始めた時、教師は良きリスナーとして傾聴すること
　で、学びを分かち合おうとする行為を励ますことができる。

・地域や学校外の他者から社会的な価値があると評価されると、生徒は自己
　の興味・関心から始まった学びを、地域社会にも意味がある学びにしよ
　うと探究し始める。特に、すでに地域を形成・維持してきた大人から肯
　定的な評価やサポートを受けると、その意欲は高まる。教師は、その肯
　定的なメッセージや価値を生徒に伝えるメッセンジャーになることがで
　きる。

・教師が、一方的な指示や不適切な評価によって制限していた学びを、教師

が生徒に解放することによって、地域と協働した広がりのある学びへと
生徒は変容させることができる。

・地域と協働して学び、それをまた地域社会に還元する経験こそ、主権者と
して必要である。なぜなら、その行為を共有することを通して、共に社
会を築いていくための対話や相互理解の下地ができるからだ。「どうし
て、看板が必要なのか」という問いに「看板を読めば、この地域がどう
して現在のようになったのかを知る手がかりになる。地域の歴史を知る
ことは、地域の未来を考えるために、みんなにとって必要なことだか
ら」と生徒は答えている。みんなとはつまり、主権者のことである。

12. 探究活動を通して、学びを取り戻そう

せっかくの青年期に「勉強しなければならない」というプレッシャーや、ど
のように何を学ぶかを決められている評価基準の中での学習だけに埋没してし
まうと、学びからの逃避が始まる場合があります。単位や成績などの枠組みに
押し込められた学習の連続の中で、生徒だけでなく教師も、自ら学ぶ楽しさや
喜びを見失いがちです。

何をどのように学んでいくかを自分で決めることが可能な探究活動では、他
者に委任していた学びを自分自身に取り戻すことができます。学ぶことを通し
て、自分が変容していくことを体感し、社会に良い影響を及ぼす技能も身に付
けることができます。それはとりもなおさず、自分は、社会を変える可能性を
持った個人である、つまり主権者の一人であるという自己理解につながってい
くではないでしょうか。

※掲載写真はすべて北海道池田町から提供していただきました。

第12章
討論授業で主権者教育をやろう

滝口　正樹

1. はじめに——「主権者（市民）」を育てるうえで
なぜフルバージョンの「討論授業」が必要なのか

　選挙権が18歳に引き下げられた直後、官民ともに「主権者教育」のワードがトレンド入りしました。そして、そこで推奨された「主権者教育」には、「甘党」「辛党」「こんぺい党」などといった架空の「政党」が掲げる現実と乖離した架空の「政策」について賛否を議論（グループワーク）させ、形だけまねた「模擬投票」を体験させる（なかには選管から本物のジュラルミン製の投票箱や衝立を借りてきて投票所を"演出"するという手の込んだものも）、といった類いの実践が多く見られました。それに対して、民間教育研究団体の実践家のなかには、たとえば、各政党の重要な「政策」（経済とくらし、教育と福祉、消費税などの税制度、外交と安全保障など）を比較したあと、生徒が「気になる政党」に「手紙」（質問も含めて）を出す実践や、国政選挙の際、生徒に各政党のマニフェストを調べ、比較検討する課題を出して投票日前に「模擬投票」を行い、国政選挙後に「開票」して実際の選挙結果と比較する、といった生徒たちにリアルな政治問題に対して自分なりの「政治判断」をする機会を意識的につくることによって「主権者を育てる」実践が対置されてきました。

　ただし、このような実践の場合でも、現実の政治問題に対する自分の政治判断の「根拠」を明らかにし（意見表明）、その「根拠」の妥当性について、生徒どうしで、

　①**紙上討論**（共感や同意だけでなく、異論、反論、批判も含めて）

　②①を踏まえた**対面討論**（異なる意見をもつ人で構成された小グループ討論とそれを踏まえた全体討論）

　③②を踏まえた**紙上再討論**（自分への異論・反論・批判に対する自己の見解・

再反論・反批判）

　といった**フルバージョン**の「**討論授業**」行うことまでは、時間の制約もあっ
てなかなかできないのが現状だと思います。

　しかし、傍観者や評論家の立場（当事者意識と想像力が欠如した幻の"政治的中
立"や価値相対主義）に陥らず、また、独り善がりや付和雷同でもない主体的な
政治判断ができ、それにもとづくアクション（投票行動だけでなく、新聞に投書
する、SNSなどで声を上げる、仲間に呼びかけ輪を広げるなど）をおこすことがで
きるような**主権者（市民）**＜注※＞にまで育っていくには、上記の①〜③のよ
うな「討論」のプロセスを豊かに経験する（積み上げる）ことが必要なのでは
ないか、そして、このようなフルバージョンの「討論授業」が、**子どもの権利
条約の精神にもとづく**「**政治教育**」のひとつのあり方（内実）なのではないか
と私は思っています。

＜注※＞ここでいう「主権者（市民）」とは「日本をどのような国にするかを最終的
に決めることができる力をもっている日本でくらしているすべての人びと」のこと
を指しています。

　一般的に「討論授業」と聞くと、ディベートか、グループで討論し、それを
全体で共有するというイメージが浮かぶのではないかと思いますが、ここで提
起しているフルバージョンの「討論授業」とは、上記のような紙上討論＋対面
討論＋紙上再討論という三段階の「討論授業」のことをいいます。そこで本稿
では、具体的な「政治問題」の例として**「憲法第9条改正と緊急事態条項創
設」**問題を取り上げたいと思います。具体的に述べると、

①まず、討論テーマ（「憲法第9条改正と緊急事態条項創設」問題）について、
　全体授業で基礎知識の共有や論点を提示し、授業ごとに提出してもらっ
　た感想（リアクションペーパー）を匿名でまとめ、それを「**紙上交流**」す
　る

②①の途中で（並行して）、討論テーマについての自分の「**意見**」（賛成・反
　対・保留とその理由）を書いてもらう

③②の「意見」をまとめた資料をもとに「**紙上討論**」（匿名で「意見」に対す

る共感、同意、疑問、異論、反論、批判を書く）を行う

④③をもとに「**対面討論**」（小グループ討論と全体討論＋模擬国民投票）を行い、最後に「紙上討論のまとめ」にもとづく「**紙上再討論**」を呼びかけ、対面討論の感想を書く

⑤「紙上再討論のまとめ」とフルバージョンの討論授業（紙上討論＋対面討論＋紙上再討論）全体のまとめを行う

というのが一連の流れです。それでは、実際の授業実践例を紹介しましょう。

2.「憲法第９条改正と緊急事態条項創設」問題をテーマにした フルバージョンの「討論授業」の実践例（2022・23年度の実践）

（1）フルバージョンの「討論授業」の前段階

全体授業で「憲法第９条改正と緊急事態条項創設」問題に関する基礎知識を 共有する

フルバージョンの討論授業を行う前に、全体授業で扱った「憲法第９条改正と緊急事態条項創設」問題に関する主な内容項目は以下の通りです。

1）**歴史の中の日本国憲法**（①「平和主義」（戦争の放棄）の思想はどのように発達してきたか——第１回ハーグ平和会議、パリ不戦条約、国際連合憲章、②第９条を生んだ国際的な流れ——非武装・非戦の平和主義、第９条のもつ意味、第９条の発案者はだれかなど）

2）**憲法第９条（平和主義）をめぐる戦後史＜１＞**（①対日政策の転換と日本の再軍備——「ロイヤル文書」→日本の再軍備のシナリオ、②自衛隊と憲法第９条——自衛隊の憲法論争がおこる。政府は「９条は自衛権（個別的自衛権）を否定していない」、自衛隊は「**自衛のために必要最小限度の実力**」という統一見解を示して批判を乗り切ったが「**集団的自衛権による海外派兵は認められない**」という立場、③日米安保条約の成立と改定—60年安保闘争）

3）**日米安保条約と沖縄の基地問題**（戦後の沖縄——占領と復帰後のあゆみ、"基地のなかに島がある"、憲法９条と沖縄、「日米地位協定」の抜本的見直し、辺野古新基地建設問題）

4）**憲法第９条（平和主義）をめぐる戦後史＜２＞**（①ベトナム戦争と日本、②

日米核密約で国会決議以前から破られていた「非核三原則」、③湾岸戦争と日本、④新ガイドライン関連法成立、⑤9・11同時多発テロ・対テロ戦争と日本、⑥イラク戦争と日本）

1991年…湾岸戦争→PKO（国連平和維持活動）協力法成立（1992年）

2001年…「9・11」（米同時多発テロ）→アフガニスタン戦争

　　　　　　→11月．テロ対策特別措置法→インド洋に自衛隊派遣

2003年3月…イラク戦争→イラク人道復興支援特別措置法→イラクに自衛隊派遣（2006年まで）

　　　　　　→武力攻撃事態法など有事三法成立（6月）

2005年…「自民党新憲法草案」→「第9条改正案」

2012年…※アーミテージ・ナイレポート⇨アメリカが日本にも軍事的役割を求める

> ●日本が一流国でいたければ日米同盟に関する次の勧告を受け入れるべきである
> ①中国の台頭や国際テロに対応するため「対等」な日米同盟を築く
> ②そのために日本は集団的自衛権を行使できるようにする
> ③PKOで武器使用ができるようにし、自衛隊の海外派遣を増やす
> ④米軍と自衛隊は軍事面で協力強化をはかる
> ⑤原発を放棄せず、原発分野でリーダーシップを発揮する

2013年12月…特定秘密保護法成立

2014年7月1日…政府（安倍政権）が集団的自衛権の行使容認を閣議決定

2015年9月19日…安全保障関連法（安保法制）成立→憲法9条改正？

2017年6月15日…共謀罪法（「テロ等準備罪」を新設した改正組織犯罪処罰法）成立

5）**憲法第9条改正問題の主な経緯**—①自民党の憲法改正に向けた取り組みと
その背景、②憲法施行70年首相メッセージ、③議論膠着根強い「2項削
除論」、④自民党「**日本国憲法改正草案**」（2012年）、⑤自民党憲法改正条
文案（**自衛隊明記の改正条文案**、2018.5.3）

第9条の2（9条の次に追加）

1項　前条の規定は、我が国の平和と独立を守り、国及び国民の安全を保
つために必要な自衛の措置をとることを妨げず、そのための実力組
織として、法律の定めるところにより、内閣の首長たる内閣総理大
臣を最高の指揮監督者とする自衛隊を保持する。

2項　自衛隊の行動は、法律の定めるところにより、国会の承認その他の
統制に服する。

6）**コロナ禍とウクライナ戦争のなかでの「憲法第9条改正と緊急事態条項創
設」問題をめぐる状況**——①コロナ禍で「緊急事態条項創設」問題が急浮
上、②「ウクライナ戦争」が続くなかで岸田政権が安全保障政策を大転
換、③「新しい防衛（安全保障関連）3文書」をめぐる問題

7）**世界平和をどうつくるか**

8）**安全保障関連法施行後の「自衛隊の変貌」**（米軍と自衛隊の一体化）

9）**敵基地攻撃（反撃）能力保有論と「核共有」及び「安全保障関連3文書」
をめぐる議論**——①ウクライナ戦争と日本の「食糧安全保障」問題、②平
和構想提言会議「戦争ではなく平和の準備を—"抑止力"で戦争は防げな
い—」

（2）フルバージョンの「討論授業」

対面討論に向けた準備—「意見表明」と「紙上討論」

1）討論テーマについて自分の「意見」を書く

　対面討論に向けた準備として、まず、「憲法第9条改正と緊急事態条項創
設」問題についての紙上討論と対面討論のための準備として、この問題に関す
る上記の授業資料や自分で調べたことをもとに、自分の意見を下記のような

「意見用紙」に書く課題を出します。

　　紙上討論テーマ：「憲法第９条改正と緊急事態条項創設」問題
　①「憲法第９条改正（自衛隊明記など）」にあなたは**賛成**ですか、**反対**で
　　すか。その理由をできるだけ具体的に述べてください。**どちらともい
　　えない**（どうしても判断がつかない）場合もその理由を述べてください。
　②「憲法への緊急事態条項創設」にあなたは**賛成**ですか、**反対**ですか。
　　その理由をできるだけ具体的に述べてください。**どちらともいえない**
　　（どうしても判断がつかない場合）もその理由を述べてください。

２）紙上討論資料にもとづいて「紙上討論」を組織する

　次に、提出された「意見用紙」をまとめた**紙上討論資料**にもとづいて「**紙上
討論**」を組織しました（共感・同意する意見と疑問・異論・反論がある意見に対し
て自分の見解を書く）。また、その際、「紙上討論」を行ううえでの以下のよう
な注意点を補足説明しました。

　①紙上討論でも対面討論でも、「討論」をするうえでは、**事実認識**にかかわ
　　る部分が非常に重要になる。事実認識を曖昧にすると、判断基準がよく
　　わからず、その場のムード（多数意見）に流されやすくなるだけでなく、
　　事実認識に誤解や知識不足などよる誤りがあることがわかった場合、自
　　分の意見が正反対になることもある。

　②したがって、とくにこのように意見が分かれる重要な「政治問題」の場
　　合、「**紙上討論資料**」の意見のなかの「**事実認識**」に**誤りがないかどうか
　　チェックすることが一番重要なポイント**になる。

　③もし、事実誤認があると思った意見には、遠慮なく「反論（批判）」す
　　る。ただし、その場合は**根拠を示して**「反論（批判）」することが重要で
　　あり（根拠がないと説得力に欠ける）、そのためには**知識**（自分で調べたこと
　　を含めて）が必要になる（「感情」をぶつけたりや「価値観」を言い合うので
　　は「討論」にならない）。

　④また、その「反論（批判）」に対して、「**再反論（反批判）**」をする機会とし
　　て対面討論後に「**紙上再討論**」を設定する。

⑤このようにして「**論争**」にまで発展することが紙上討論や対面討論の醍醐味であり、考え方の異なる相手からもお互いに**学び合える**「**質**」の高い**討論**となり、討論テーマに対する**認識が深まる**。これからの日本の学校教育の課題の一つは、このような**フルバージョン**の「**討論授業**」の体験を積み重ねることによって**主権者意識**を高め、**討論のスキル**を身に付けることである。

紙上討論用紙	紙上討論テーマ：「憲法第９条改正と緊急事態条項創設」問題
●**憲法第９条改正問題** ①**共感（同意）した意見** （例：「○番の意見のなかの『△△△』というところが……」） ②**疑問・異論・反論がある意見** （例：「○番の意見のなかで『□□□』と書いてあるが……」） ●**緊急事態条項創設問題** ①**共感（同意）した意見** （例：「○番の意見のなかの『△△△』というところが……」） ②**疑問・異論・反論がある意見** （例：「○番の意見のなかで『□□□』と書いてあるが……」）	

3）「対面討論」のやり方を提示する

さらに、以下のような紙上討論にもとづく「対面討論」のやり方を提示し、「対面討論」への参加の「構え」をつくりました。

①まず、授業担当者の方で、「**意見用紙**」に**もとづいてあらかじめ賛成・反対・保留のバランスを配慮した小グループ編成（3～4名）**を行い、それにもとづいて**小グループ討論**を行う。メンバーがお互いに学科や名前がわかるように名札を用意する。

②次に各小グループの討論内容を**代表者に口頭で報告**してもらう。

③そのあとさらに**全体討論**を行う。**司会進行役**（黒板書記を含めて複数）も

　　募集する。

　　立候補者が出ない場合は授業担当者が司会進行役を務める。

④最後に、**模擬国民投票**を行う。投票用紙は授業担当者が配布するが、投票
　用紙の回収と開票の**アシスタント**1名を授業担当者から事前に依頼する。

対面討論―小グループ討論と全体討論＋模擬国民投票

1）小グループ討論

　まず、紙上討論を踏まえて各自が自分の意見を言い、そのあと自分と異なる
意見に対して、質問、疑問、異論、反論を述べ合いました。終わった後、対面
討論の参加者からは、

○他の人の意見を聞いているうちに自分の意見が揺らいでしまった。いろい
ろな立場の意見に触れる事によって価値観が変えられるという体験は非常に
貴重な経験になった

○自分も相手の主張に対し事実認識などについて質問し、こちらの主張に
「納得がいく」と言ってもらえたのは、討論授業に向けて情報を集め、自分
の意見を磨いた成果だと思う

○自分一人では辿り着けない反対意見をもらい、討論授業の意義と価値を感
じた

○メンバーの主張で明らかに根拠がないと受け取れた意見に反論できなかっ
たことに自分自身の弱点も感じた

○はじめは討論の中で意見が決まっていない人やどちらでもないという意見
であった人が、討論に参加し、周りの人の意見や質問を行う中で、自身の立
場を明確にしていく過程を見たとき、討論の意義を強く感じた

○討論でも決着がつかず、平行線になってしまうこともあったが、これも一
つ勉強になった

○紙上討論とは違い、実際に自分と同じ意見や違う意見を聞くことができ
た。同じ賛成派だったとしても違う観点からの賛成派だったりしたのが聞い
ていてとても勉強になった

○今まで反対派の意見を生で聞くことはなかったため、とても貴重であった
が、なぜそのような考え方、解釈になるんだろうと思うところが多々あり、

それに反論しようとしたが、言葉で即座にうまく説明できなかったので紙上討論との違いを感じた

〇私が今まで行っていた討論は自分の意見を通すことしか考えていなかったが、今回の討論によって相手の意見を聞き、どこまで譲歩できるか、どこからはできないかなどを考えながら話し合うことができたと感じた

〇もしかしたら討論は平和への一歩なのかもしれない。武力解決ではなく話し合い、討論を通じて相手の意見を知る。とても重要なことなんだなと思った

〇時間があれば、他のグループの方たちとシャッフルをして数回に渡って議論してもっといろんな人の意見を学びたかった

〇違う立場の意見を聞くことができることで、自らの意見を深めるきっかけになったり、意見が多少なりとも変わることを実感した。機会があれば、別のテーマで討論をしてみたい

などといった感想が寄せられました。

2）全体討論

　次の全体討論では、司会者の立候補が出なかったので（他のテーマで行った2022年度の全体討論では司会者の立候補が出た）、担当者が司会をし、まず、小グループ討論で出た意見を代表者に発表してもらい、そのあと全体討論（個人が挙手して発言する）を行いました。また、全体討論のテーマ（「自衛隊明記や緊急事態条項創設で何が変わるのか」）は担当者の方で設定しました。ある参加者は、「全体の討論では少しでも意見が出るようにしている先生の話し方の工夫を自分の将来にも活かしていきたいと思った。全体討論では、ファーストペンギンとして意見を述べたが、もっと深い意見を述べられたのではないか、もっといい考えを持った上で発言するべきだった、などといろいろと反省もあった。また、意見が出た際にどのように司会として捌いていくか、まとめていくかなども大事だと感じた」と書いており、全体討論における司会者の役割の重要性についても学んでいます。

3）模擬国民投票

　そして最後に模擬国民投票を行い、その場で開票しました。ある参加者は、

「最後の模擬国民投票では途中までとても競っていて本番さながらのドキドキ感があり、対面授業ならではだと思った。紙上再討論もあるので引き続き頑張っていきたい」と書いています。

対面討論後——「紙上再討論」とフルバージョンの「討論授業」全体のまとめ

そして、対面授業の最後に**「紙上討論のまとめ」**を提示し、次のように呼びかけました。

——この『紙上討論のまとめ』はみなさんでつくった貴重な授業記録です。そこで、今回の対面討論も踏まえて、さらに「**紙上再討論**」を行いたいと思います。「紙上討論のまとめ」のうち、自分の意見への**疑問・異論に対する自己の見解や反論・批判に対する再反論・反批判**を書いてください。また、最後に、この討論授業全体のまとめも書いてください。

それでは、このようなフルバージョンの「討論授業」を参加者はどう受け止め、そこから何を学んだのでしょうか。他のテーマでの実践も含めてその声の一部を紹介します。

○紙上討論は匿名が大きなメリットではないか。特に反対意見を書く場合は、相手の顔色をうかがってしまう心配が少ないため、素直な意見を書くことができているのではないかと感じた。デメリットは対面討論とちがって質問や意見に対してその場で返答できない点である。対面討論、紙上討論どちらもメリットデメリットがあり、それを体感したからこそ、今後の学習に生かすことができると強く感じている

○小グループで話し合うだけでは、少数の意見しか聞くことができず、少数派だと意見を言いづらい場面もあるが、全体討論ではさまざまな人の意見を聞くことができ、より活発な意見交流が可能だ。その代わり、批判においては相手の意見に対して、根拠を示しながら批判する必要があるので、しっかりとした知識量とそれに伴った根拠を事前に調べておくことが必要だと感じた。今回の討論では司会が学生だったことが、全体討論の活発化に繋がったのではないかと感じる。やはり、教師になんか言われるのではないかとか、間違ってたらという気持ちがあるのだと感じるが、同じ学生であれば、そのような気持ちが薄れ発言しやすくなると感じた

○現代の若者は選挙の投票率からもわかるように、政治的な関心は高くない。私もこのような討論授業を被教育体験では一度も行ってこなかった。しかし、このような討論授業をすることで、政治について本気で考えることができ、生徒が主体的に活動できると感じた

3. フルバージョンの「討論授業」を実践するうえでの留意点

それでは、最後に、このようなフルバージョンの「討論授業」を実践するうえでの留意点を2つだけ挙げておきましょう。

①「主権」とは、「どのような国にするか」という「国のありかた」を最終的に決められる「政治権力」のことです。したがって、「主権者（市民）を育てる」には、まず、フルバージョンでじっくり時間をかけて「討論授業」を行うのにふさわしい、**国民の意見が二分されているような重要な政治問題を討論テーマに据える**ことが決定的に重要です。

②次は、その①の討論テーマについての賛否を問う前に、その討論テーマを考えるうえで欠かせない**基本的な事実を全体で共有する授業**に時間をかけることが必要かつ重要です。

間違っても、生徒の自主性を「尊重」するという名の下に、生徒に事前の「調べ学習」（とくにインターネットの「情報」）を丸投げするようなことがあってはなりません。

参考文献

歴史教育者協議会編（2008）『ちゃんと学ぼう！ 憲法①・②』青木書店

第13章
SDGsで主権者教育をやろう

池田　考司

1. ゴールを調べ覚えて終わりでは、地球・人類に未来はない

　SDGsに関する教育・授業としてよく見るのは、SDGsの17のゴールを調べ、まとめて終わるというものです。

　残念ながら、それでは地球・人類の未来を守ることはできません。

　特に緊急性・切実性のある課題（ゴール）は、地球環境問題です。

　1972年に国連人間環境会議がスウェーデン・ストックホルムで開かれました。公害や乱開発といった環境問題の深刻化が注視されるようになり、「かけがえのない地球（Only One Earth）」をテーマにした話し合いが行われ、環境保全に関する諸原則を示した「人間環境宣言」が出されました。

　1987年に環境と開発に関する世界委員会が発表した報告書（ブルントラント報告）では「将来の世代の欲求を満たしつつ、現在の世代の欲求も満足させるような開発」と「持続可能な開発」が定義されました。

　1997年に京都で開催された気候変動枠組条約第3回締約国会議（COP 3）では、先進国の温室効果ガス削減目標が明確に規定された「京都議定書」が採択されました。温室効果ガスによる地球温暖化の危機が世界の共通テーマとして位置づけられたのです。

　そして、2002年に開催された持続可能な開発に関する世界首脳会議（ヨハネスブルクサミット）で、日本政府とNGOが、「ESD（持続可能な開発のための教育）」を提唱しました。

　日本では、国内にあるユネスコスクールを中心にESDの推進が目指されました。一般校への広がりには限界がありましたが、地球環境危機に対する教育面での取り組みが行われたのです。

　2011 ～ 2020年の世界平均気温は、1850 ～ 1900年の気温よりも1.09度高かったとされています。2081 ～ 2100年には最悪の場合、最大5.7度上昇する恐れがあると予測されています（IPCC第6次評価報告書）。

　2015年には、パリ協定が採択され、気候変動に関する新たな国際枠組みが設けられました。

　しかし、気候変動による「異常気象」と災害が日本国内でも多発しています。

　アフリカの北中部では、砂漠化が進行し、食糧不足と職業不足（農牧業の廃業）等によるテロや内戦が頻発しています。

　東南アジアでの深刻な自然災害の多発は日本でも度々報道されています。

　「ゴールを知っている」だけでは、子ども若者の未来は、危機的状況へと進んでしまいます。自分事として学ぶ機会を設定することが強く求められているのです。

2.　ESDとMDGs（ミレニアム開発目標）

　SDGsの前身として知られているのが、MDGs（ミレニアム開発目標）です。

　MDGsは、2000年9月の国連ミレニアム・サミットで採択された国連ミレニアム宣言をもとに、2015年までに達成すべき8つの目標が設定されたものです。

　MDGsの目標は、①極度の貧困と飢餓の削減、②普遍的な初等教育の達成、③ジェンダーの平等の推進と女性の地位向上、④幼児死亡率の引き下げ、⑤妊産婦の健康状態の改善、⑥HIV／エイズ、マラリア、その他の疫病の蔓延の防止、⑦環境の持続可能性の確保、⑧開発のためのグローバル・パートナーシップの構築でした。

　MDGsは、①に関しては、極度の貧困（1日1.25ドル未満で生活している）割合が、47％から14％に下がるという成果を生みました。②に関しては、開発途上国における初等教育就学率が2000年の83％から2015年の91％と改善されました。③に関しては、小学校に通う女子の大幅増加、世界の90％の女性が政治に参加する基盤を得るという成果を生みました。④に関しては、世界の5

歳未満の幼児死亡率が1990年から2015年の間に半減しました。⑤に関しては、1990年から2013年にかけて妊産婦の死亡率は45％減少しました。⑥に関しては、HIVの新たな感染が2000年から2013年の間で40％減少し、殺虫剤処理の蚊帳の配布により、15年間で620万人以上の命が救われたとされています。⑦に関しては、改良された飲料水源を使用できる人口の割合が、1990年の76％から2015年の91％へと上昇しました。⑧に関しては、ODA（先進国から開発途上国への援助）が2000年から2014年の間に66％増加しました。

　このようにMDGsを設定し、世界で実行することで多くの人びとの生活状況が改善されたのです。

　しかし、地球環境危機、紛争、飢餓と貧困、都市と農村の格差、ジェンダー不平等等の問題は深刻な課題として残されました。

　そこで、2015年9月25日に国連総会で、SDGs（持続可能な開発目標）が新たに採択されたのです。

　ESDとMDGsの合流という表現をする人も一部にいます。MDGsでは、目標の7として、環境資源の喪失の阻止と回復、生物多様性の損失抑制等が地球環境問題としてあげられていましたが、SDGsでは、ゴール7「エネルギーをみんなに、そしてクリーンに」、ゴール12「つくる責任、つかう責任」、ゴール13「気候変動に具体的な対策を」、ゴール14「海の豊かさを守ろう」、ゴール15「陸の豊かさも守ろう」と多数のゴールとして地球環境に関わる課題と行動が明記されています。

　これらは、教室での学習も媒介にしながら、みんなに＜実行＞が求められるゴールなのです。

3.　SDGs教育は主権者教育

　スウェーデンの環境活動家のグレタ・トゥーンベリさんの行動は、報道ではとんどの人が知っていると思います。

　グレタさんは、15歳の時に「気候のための学校ストライキ」を行い、より強い早急な気候変動対策を求め、世界に大きなインパクトを与えました。

　2019年にスペインで開かれた気候変動枠組条約第25回締約国会議

（COP25）でグレタさんはスピーチを行いました。グレタさんの行動は世界の子ども若者へと広がっていきました。

　グレタさんのスウェーデン国会前の座り込みからFFF（Fridays For Future（未来のための金曜日運動））が世界中に広がりました。

　日本でもFFF Japanの中高校生、大学生が行動しています。彼・彼女らは、学校での教育・授業がきっかけではなく、自立的自発的に地球環境危機の打開のために行動を始めたのです。

　2023年にも、8月にFFF Japanの若者たちが「ワタシのミライ　NO NUKES NO FOSSIL（再生エネ100％と公正な社会をめざして）」集会＆パレードを行っています。

　しかし、FFF Japanの中高校生、大学生のほとんどが、自分の在籍する学校の友人に、FFFのことを話せずにいるのです。

　その背景には、社会的な関心を持つこと、自己の考えを主張することを忌避・嫌悪する現代日本社会の特性があると思われます。異様なバッシング社会、同調を強要する意識状況があるのです。

　そのような中、SDGsが、学校で単なる覚えるべき言葉として扱われているとしたら、子ども若者は、自分たちの未来を守ることができるでしょうか。

　私は、この間、子ども若者の「未来に対する権利」を主張してきました。限られた期間の未来しかない大人たちが、長い未来を持つ子ども若者たちの未来を左右する決定や行動を占有し続けて良いのでしょうか。そのようなことは絶対ないと私は考えます。それは、大人の身勝手な話でしかないのです。

　この状況を変えていく方法の一つが、教育、学校・教師の行動なのです。

　SDGsと子ども若者の未来との関係を具体的に、正確なデータも示しながら提示し、子ども若者が自ら調べ考え、時には行動できるようになるための教育が必要なのです。

　教科書や資料集等限られた情報を調べさせて終わりの授業を受けさせられていては、子ども若者は自分たちの未来を守ることはできません。

　そうなのです。SDGsの教育・授業も、主権者教育の重要な柱になっていくものなのです。投票方法や制度法規を教えるだけの授業ではなく、子ども若者が自らのために、自分自身で学んでいく場を提供すること。そして、対話・討

論できる場を保障することがとても重要なのです。

4. SDGs前文を読む

　少し長くなりますが、SDGsの前文（日本ユニセフ協会訳、太字はそのまま使用）を紹介します。

　この計画（アジェンダ）は、**人間と地球、そして繁栄のための行動計画**です。

　そして、より大きな**自由**と、平和を追い求めるものでもあります。

　わたしたちは、持続可能な世界を築くためには、**極度の貧困をふくめ、あらゆる形の、そして、あらゆる面の貧困をなくすことが一番大きな**、解決しなければならない課題であると、みとめます。

　すべての国と人びとが協力しあってこの計画を実行します。

　わたしたちは、人びとを**貧困や欠乏からときはなち、地球を守る**ことを決意します。

　わたしたちは、持続可能で、強くしなやかな世界に向かう道を歩んでいくために、**今すぐ大胆で変化をもたらす行動を起こす**ことを決意します。

　ともに持続可能な世界へ向かうこの旅をはじめるにあたり、**だれ一人取り残さない**ことを誓います。

　わたしたちが発表する**17の目標と169のターゲット**は、このアジェンダがどれだけ**広く高い目標**をかかげているかを表しています。

　これらの目標やターゲットは、ミレニアム開発目標をもとにし、達成できなかった目標すべてを達成することを目指しています。

　すべての人の**人権を実現**し、**ジェンダーの平等**、そして女性や女の子の能力を引き出すことを目指します。

　これらの目標とターゲットは互いにつながり分けられないものであり、持続可能な開発の3つの側面、つまり、**「経済」**と**「社会」**と**「環境」**のバランスを保つものです。

　これらの目標とターゲットは、人類と地球にとってとても大事な分野

の、**2030年までの行動**を進めるものになるでしょう。

　この前文から、SDGsが、人類と地球のことを考えた行動計画であること、貧困と欠乏の解決を最重要課題と位置づけ、人権、特にジェンダー平等、社会的公正、環境保全を目標としていることがわかります。

　そして、それぞれの目標（ゴール）とターゲットがつながっていることも意識されていることがわかります。

5.　貧困の背景とSDGs目標

　先進国である日本では、絶対的貧困よりも相対的貧困（貧困線に満たない貧困状況）が深刻な問題になっています。相対的貧困率は、厚生労働省調査では、1985年以降漸増を続け、2012年には16.1％となり、2021年も15.4％となっています。その背景には、バブル経済破綻後の財政・福祉雇用政策縮小、自己責任原則を強調する競争主義・新自由主義の浸透・進行があると思います。

　日本国内においても、SDGs目標3「すべての人に健康と福祉を」、目標10「人と国の不平等をなくそう」、目標11「住み続けられるまちづくりを」等が実現されているのかが問われる状況にあると言うことができます。

　絶対的貧困率の高い国々は、独裁政権（1位：東アフリカ　ブルンジ共和国）、内戦（3位：中央アフリカ共和国、4位：コンゴ民主共和国）、内戦と飢餓（2位：南スーダン、5位：ソマリア）と、気候変動による異常気象・砂漠化や乱開発による食料生産の困難と雇用・収入源喪失、紛争や内戦による混乱、感染症等の病気、債務国としての国家財政の脆弱性、独裁政治による富の一極集中、少数民族への差別・迫害等を背景として抱えています。

　この貧困と飢餓の背景の改善のためには、SDGs目標1「貧困をなくそう」、目標2「飢餓をゼロに」、目標3「すべての人に健康と福祉を」、目標6「安全な水とトイレを世界中に」とともに、目標15「陸の豊かさを守ろう」、目標13「気候変動に具体的な対策を」、目標10「人や国の不平等をなくそう」、目標9「産業と技術革新の基盤をつくろう」等の実現も不可欠であることがわかります。

　SDGsの目標がつながりあって実行されなければ、貧困と飢餓の解決はできないのです。

　「だれ一人取り残さない」世界を実現するために、地球に生きる人として考え、行動することが必要なのです。

　そう考えるなら、SDGsの教育が、目標やターゲットを知ることにとどまってはならないことは明らかだと思います。

図1　SDGs17の目標
［出所］国連広報センターから

「5つのP」と「ウェディングケーキモデル」

　持続可能な開発のための2030アジェンダの前文で示されている「5つのP」と「ウェディングケーキモデル」を次に紹介します。

　「5つのP」は、SDGs目標を、「People（人間）」、「Prosperity（繁栄・豊かさ）」、「Planet（地球）」、「Peace（平和）」、「Partnership（パートナーシップ）」という5つのキーワードに分類したものです。

　「People」は、あらゆる形態と次元の貧困と飢餓に終止符をうち、すべての人間が尊厳を持ち、平等に、そして健全な環境の下でその潜在能力を発揮できることを実現しようとする目標群です。

　「Planet」は、持続可能な消費と生産、天然資源の持続可能な管理、気候変動への緊急な対応などを通じて、地球を守り、現在と将来の世代のニーズを充足できるようにしようとする目標群です。

　「Prosperity」と「Peace」が、「People」と「Planet」を基盤としていることは、今述べたように明らかだと思います。

　「ウェディングケーキモデル」は、スウェーデンのストックホルム・レジリエンス・センター所長のヨハン・ロックストロームが考案したもので、SDGsの目標の関係をよりわかりやすく示しています。

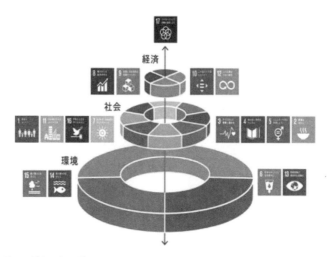

図2　ウェディングケーキモデル
［出所］渋谷区SDGs協会HPから

　SDGs目標の構造は環境圏、社会権、経済圏の3つの層になっているというロックストロームの整理によるものです。

　環境圏に関わる目標14「海の豊かさを守ろう」、目標15「陸の豊かさも守ろう」、目標13「気候変動に具体的な対策を」、目標6「安全な水とトイレを世界中に」が実現されることによって、社会圏の目標1「貧困をなくそう」、目標11「住み続けられるまちづくり」、目標16「平和と公正をすべての人に」、目標7「エネルギーをみんなにそしてクリーンに」、目標3「すべての人に健

康と福祉を」、目標4「質の高い教育をみんなに」、目標5「ジェンダー平等を
実現しよう」、目標2「飢餓をゼロに」が実現に進みます。

　その上で、経済圏の目標8「働きがいも経済成長も」、目標9「産業と技術
革新の基盤をつくろう」、目標10「人や国の不平等をなくそう」、目標12「つ
くる責任つかう責任」の達成が現実となっていくという構造理解なのです。

　このモデルからもSDGs目標をバラバラの個別知識として認識していては、
事態の改善に進めないことがわかります。

6.　主権者教育としてSDGs教育をどう進めていくか

　主権者教育をテーマとした本書では、主権者教育の歴史・理論・実践が多数
紹介されていますが、SDGs教育を主権者教育としてどう展開するかをここで
は述べていきたいと思います。

　SDGs時代の主権者教育は、地球・人類の課題を、自分事としてとらえ、考
え、行動する市民を育てる、その育ちを支援する教育だと言えるのではないか
と思います。

　そのためには、地球・人類の課題を、SDGs目標・ターゲットを用いて、構
造的に整理把握し、生徒自身の生活・人生とつなげて理解するような学習活
動・内容・方法・教材が用意される必要があります。

　この時、教師には、自身がSDGs時代の市民として情報を得、思索すること
が求められます。教師のブラック労働が顕在化している時代、教師にそのよう
な時間と余裕があるのか。とても難しい状況にあることは間違いないですが、
教師自身や周りの人の生活・人生の問題として切実に受け止め、取り組んでい
くことが必要です。

　生徒たちがうまく切実な自分事としてとらえ始めたとしても、世界の貧困や
飢餓、その背景にある地球環境危機にまで思いを巡らすことは容易ではありま
せん。デジタル社会の中で情報としては世界各地のものが入ってきています
が、やはり、それらは画面上のことであり、厳しく辛いものとして五感で理解
することはできません。デジタル機器を使う時も対話や交流が入れられていく
必要があるでしょう。

　また、世界の大変な状況にある人への同情を、安定的な生活をしている立場から抱くことができるとしても、身近な国内の貧困や不公正に苦しむ人への理解と共感を拡げることは容易なことではありません。

　1990年頃から国際理解教育や開発教育が活発に展開されるようになりましたが、それらは先進国のある程度生活に余裕のある立場からの同情や施しの傾向があったことは否めないと思います。その実態を示す事例が、国際理解教育を行う進学校等での国内の貧困層、差別に苦しむ人びとへの無関心、冷淡な視線でした。

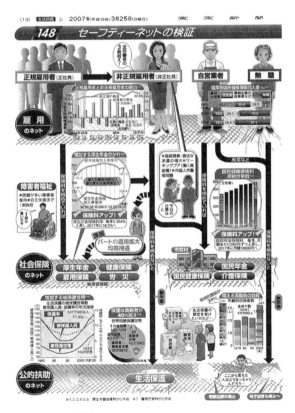

図3　セーフティーネットの三層構造

［出所］東京新聞2007年3月25日朝刊「生活図鑑148：セーフティーネットの検証」より

　この図は、「セーフティーネットの三層構造」を表したものです。

　日本国内において広がる貧困・格差と、自分自身と家族がそうなるかもしれないリスク、SDGs目標3「すべての人に健康と福祉を」、目標8「働きがいも経済成長も」が実現されているかの考察が位置づけられる必要があります。

　そのことが、SDGsが自分事となり、主権者として思考・行動していく契機になっていくはずです。

7.　例えば、難民の子どもの現実から考える

　日本ユニセフ協会のホームページには、「SDGs CLUB」のページがあります。その中には、SDGsマークが並べられ、その中のどれか一つをクリックすると、詳しい紹介を見ることができます。

　目標4「質の高い教育をみんなに～だれもが公平に、良い教育を受けられるように、また一生に渡って学習できる機会を広めよう～」は、ターゲット1「すべての子どもが、公平で質の高い教育を無料で受け、小学校と中学校を卒業できるようにする」、ターゲット2「すべての子どもが、幼稚園や保育園に通ったりして、小学校にあがるための準備ができるようにする」、ターゲット3「すべての人が、技術や職業に関する教育や、大学を含めた高等教育を受けられるようにする」、ターゲット4「仕事に関係する技術や能力をそなえた若者やおとなをたくさん増やす」、ターゲット5「教育のなかでの男女の差別をなくす。障害があったり、先住民族だったり、特にきびしいくらしを強いられている子どもでも、あらゆる段階の教育や、職業訓練を受けられるようにする」、ターゲット6「すべての若者や大半のおとなが、男女ともに、読み書きや計算ができるようにする」、ターゲット7「教育を受けるすべての人が、持続可能な社会をつくっていくために必要な知識や技術を身に付けられるようにする。そのために、たとえば、持続可能な社会をつくるための教育や、持続可能な生活のしかた、人権や男女の平等、平和や暴力を使わないこと、世界市民としての意識、さまざまな文化があることなどを理解できる教育をすすめる」という7つのターゲットで構成されています。

　「もっと深めよう！　世界にあるこんな問題」には、2つのMovieが用意さ

れています。その一つが、「教育をあきらめたくない～ロヒンギャ難民のラシェッド君～」です。

　ミャンマーで暮らしていたロヒンギャのラシェッド君は、今、バングラデシュに難民の一人として住んでいます。

　「勉強が好きなんだ」というラシェッド君は、家で英語を学習しています。家の修理も手伝っています。ソーラーパネルがつき、1日3～4時間程度、電気を使えるようになりました。「本当は仕事より勉強をしたい」「教育を受けたい、ちゃんとした教育を受けたい」「そうじゃないと人生が台無しになっちゃう。やりたい仕事もできなくなっちゃうよ」「望みは捨てていない。将来はお医者さんになりたい。勉強をあきらめたくないんだ」とラシェッド君は言います。

　ラシェッド君の現実は、生徒たちの現実とは大きく異なります。

　では、なぜこんなに違うのか。学習・学校への思いは、日本の高校生よりも強いのではないかと思われるのに。

　「ロヒンギャ」「ミャンマー」「バングラデシュ」「難民」を調べていきます。

　ロヒンギャは、インドのベンガル地方を出自とし、その後、現在のミャンマー・ラカイン地域に多くが居住し、一定の地位を得た時代を持ちました。

　しかし、第2次世界大戦後のインドとパキスタンの分離独立、ビルマ連邦の独立、バングラデシュの建国という地域政治の激変が続きました。

　そして、ミャンマーで軍事独裁政権が成立した後、「ロヒンギャはバングラデシュからの不法移民だ」という政府見解と、多数派の支持により、武力衝突が多発し、多数の難民が生まれたのです。今も90万を超える人が難民として暮らしています。

　バングラデシュが国連の難民条約を批准していないことも、ロヒンギャ難民の生活を困難にしています。

　難民キャンプは、自然災害の影響を受ける脆弱な土地にあり、安全で衛生的な生活の確保が困難です。難民キャンプでは、3年間の初等教育は確保されているものの、中等教育や高等教育は保障されていません。

　SDGsが世界の多くの参加（批准）を目指して採択されたという性格のものでもあるため、「難民」という言葉は残念ながら明記されていません。

　しかし、UNHCR（国連難民高等弁務官事務所）は難民問題が、SDGsの12の目標と関連しているとして活動を展開しています。

　自分たちと同世代の子どもが「ちゃんとした教育を受けたい」という思いを強く抱きながら実現できずにいる現状、子どもの声から生徒たちは考え始めるのではないでしょうか。

　「ロヒンギャとはどんな人びとなのか？」を調べていくと、人種や民族の問題、政治と平和の問題がいかに人びとに影響を与えているかが見えてきます。

　軍事独裁政権復活後の「ミャンマー」に対して日本政府が、ODA（政府開発援助）を継続してきたこと、軍事クーデター後もミャンマー軍の将校を防衛大学の留学生として受け入れ続け、国際的非難で中止したことなどもわかってきます。どうやら、日本政府は、ロヒンギャを難民化する軍事政権を支持しているようなのです。

　受け入れ側のバングラデシュが、貧困率30％の世界の最貧国の一つであり、難民のための対策を十分に行う状況にないこと。世界で人件費のもっと安い国に工場を置くことを経営者が公言するユニクロの縫製工場がバングラデシュにあり、労働者の月収は3,900円程度であることがわかってきます。

　自分が着ている服がそこで作られ、その国の難民キャンプで暮らす子どもが「学びたい」と切実に訴えていることを知る。ここから自分と世界、さらに考えれば日本の政治にまで思索を深め、どう暮らすか、行動すべきかを生徒たちは学び始めるのではないでしょうか。

　世界・国内の出来事を自分事にするためにSDGs教育は重要な領域となり、また、主権者教育として機能するのです。

第14章
政治教育で主権者教育をやろう

川原　茂雄

1. 若者はなぜ選挙に行かないのか？

　18歳からの選挙権が認められた翌年である2016年の国政選挙では、18 ～ 19歳の投票率は45.5%でしたが、その後の国政選挙ではしだいに下がり始め、現在は20代の投票率とともに30%代となり、文科省などからの「若者に主権者教育を！」のかけ声のわりには、若い世代の「選挙ばなれ・政治ばなれ」の傾向は変わっていないようです。

　なぜ多くの若者たちは選挙に行かないのでしょうか？

　私の身近にいる大学生たちに聞いてみると、だいたい三つくらいの理由があるようです。

　一つ目は「選挙に行って投票しようとしても、誰に投票して良いか、どの政党に投票して良いのか、よくわからない」というのがあります。二つ目に「どうせ選挙で投票しても、自分の一票では何も変わらないし、選挙で日本の政治が変わるとも思えない」というのがあります。そして、三つ目は「そもそも選挙にも政治にも関心もないし、興味もない。自分には関係のないことだと思う」というものです。

　一つ目は若者の政治に対する「**無知・無理解**」であり、二つ目は政治に対する「**不信、あきらめ**」であり、三つ目は政治に対する「**無関心**」であるように思います。

　主権者教育によって、児童生徒たちに国や社会の問題を自分の問題として捉え、自ら考え判断して行動していく主権者になってもらうためには、このような今の若者たちの政治に対する「無知・無理解・不信・あきらめ・無関心」に真正面から向き合い、その認識を変えていくような「**政治教育**」が必要なので

はないでしょうか。

2. 主権者教育における「政治教育」の必要性

　教育基本法第14条第1項では、「良識ある公民として必要な政治的教養は、教育上尊重されなければならない」と規定されており、第1条にある「平和で民主的な国家及び社会の形成者」を育成するためにも、学校教育における「政治教育」の必要性はあきらかです。

　その「政治教育」とは、「良識ある公民として必要な政治的教養」を身に付けさせるものでなければなりませんが、その**政治的教養**とは、いったいどのようなものなのでしょうか。

　1947年の文部省の見解としては、「第一に民主政治、政党、憲法、地方自治等、現代民主主義の各種の制度についての知識、第二に現実の政治の理解力、及びこれに対する公正な批判力、第三に民主国家として必要な政治道徳及び政治的信念など」とされているものがあります（『教育基本法の解説』文部省・教育法令研究会、1947年）。

　また、2015年に発行された総務省・文部科学省作成の副教材『私たちが拓く日本の未来』では、「①政治の仕組みや原理を知り、政治が対象とする社会、経済、国際関係など様々な分野における現状及び課題を理解すること、②政治について自分で判断するため課題を多面的・多角的に考え、自分なりの考えを作っていく力、③各人の考えを調整し、合意形成するために根拠を持って自分の考えを主張し、説得する力」を「政治的教養」としています。

　日本国憲法及び教育基本法の下では、公教育（学校教育）においては、このような「政治的教養」を身に付けさせる「政治教育」を、「平和で民主的な国家及び社会の形成者」を育成するために主権者教育として「やらなければならない」はずなのですが、はたしてそのような「政治教育」は、これまできちんと行われてきたのでしょうか。

3.「政治教育」をさせないようにしてきた「政治的中立」

　教育基本法第14条では、第2項として、「法律に定めた学校は特定の政党を支持し、又はこれに反対するための政治的教育その他の政治活動をしてはならない」と規定されています。

　この規定は、学校教育における「**政治的中立**」を要請するものであるとされていますが、この要求が学校教育の非政治性の要求と誤解され、学校における政治教育に過度の抑制が働き、授業の中で政治的テーマ等を扱うこと自体が避けられてきた傾向にあったといわれています（総務省「常時啓発事業のあり方等研究会」最終報告書、2011年）。

　しかし、教育基本法第14条第2項が「してはならない」としているのは、「特定の政党を支持し、又はこれに反対するための政治的教育」であって、第1項での「良識ある公民として必要な政治的教養」を身に付けさせる「政治教育」は「やらなければならない」はずなのです。にもかかわらず、日本の公教育（学校教育）では、「政治的中立」という名のもとに「政治的（党派的）教育」だけでなく、良識ある公民として必要な政治的教養を身に付けさせる「政治教育」までさせないようにしてきたのではないでしょうか。

　このような傾向が強まったのは1954年に「**教育二法**」（「教育公務員特例法の一部改正案」と「義務教育諸学校における教育の政治的中立の確保に関する法律案」）が国会に提出され修正可決されてからだと言われています。前者は教育公務員の政治活動を禁止するものであり、後者は教職員団体などが教員に児童・生徒にたいする政治的教育を行うよう教唆・扇動してはならないとするものです。

　当時、法案審議に公述人として呼ばれた鵜飼信成氏（東京大学教授・当時）は、「こういう法律が成立することによって、教育者が政治問題に触れることを恐れて、結局教育の中に正しい政治的判断する力が養われないような、そういう無気力な教育になってしまう虞れがある」と発言していますが、教育二法制定以後、学校現場は現実に鵜飼氏の言う通りになってしまったのではないでしょうか。

　1960年代に大学や高校で反戦運動や学校の民主化を求める活動が広がりを

見せたことから、当時の文部省は1969年10月に「**高等学校における政治的教養と政治的活動について**」という初等中等教育局通知（通称「69通知」）を出し、高校生の政治活動は「教育上望ましくない」として禁止しました。また、教員に対しても、学校の授業において「現実の具体的な政治的事象は、内容が複雑であり、評価の定まっていないものも多」く、「国民の中にも種々の見解がある」ので、「公正な態度で指導」し、「慎重に取り扱う」ことを求めました。

　この通知は、あきらかに当時の学生運動の広がりを防ごうとするものでしたが、学生運動鎮静後も生き続け、選挙年齢引き下げをうけて2015年に新たな通知が出されるまで廃止されませんでした。その影響は大きく、通知以後、生徒の政治的活動への学校全体の指導はきびしくなり、そのことは生徒たちが政治的関心をもつこと自体を抑制するとともに、学校内の自治的活動の衰退化をまねくことになりました。また、教師たちにとっても、当時過熱してきた進学競争を受けて、学校の授業における「政治教育」は、「現実の具体的な政治的事象」を避けて、受験に必要な政治や選挙の仕組みなどの知識や概念を教えて覚えさせるというものになっていきました。

4. 「政治的中立」という名の「政治的（党派的）な圧力・統制」

　2011年12月に公表された総務省の「常時啓発事業のあり方等研究会」の最終報告書では、若者の投票率が低いことの要因のひとつとして、「有権者になる前の学校教育においては、政治や選挙の仕組みは教えても、政治的・社会的に対立する問題を取り上げ、関心をもたせたり、判断力を養成するような教育がほとんど行われていないことが挙げられる」として、「若者の選挙離れは学校教育と深く関わる問題である」としています。

　その背景には教育基本法第14条の第2項が「特定の政党を支持し、又はこれに反対するための政治教育その他の政治活動をしてはならない」という政治的中立性の要請によって、「学校の政治活動には過度の抑制が働き、十分に行われてこなかった」とし、これによって「政治や選挙のしくみは教えても、選挙の意義や重要性を理解させたり、社会や政治に対する判断力、国民主権を担

う公民としての意欲や態度を身に付けさせるのに十分なものとなっていない。特に、政治的中立性の要求が非政治の要求と誤解され、政治的テーマ等を扱うこと自体が避けられてきた傾向にある」としています。

さらに、「我が国では、児童・生徒が学校内の身近な問題について自分で考え、主体的に発言し、決定に参画していくという学校民主主義の実践がほとんどなされていない」としています。

たしかにその通りではあると思うのですが、学校教育において教師たちが政治的テーマを扱うことを避けて、児童・生徒たちに政治的な判断力や意欲・態度を身に付けさせずに「政治教育」を十分に行ってこなかったのは、教師たちが教育基本法第2項の規定を「誤解」したわけでも、自ら過度に抑制を働かせたわけではなく、時の政府や文部省・文部科学省が意図的に法律や通知によって学校に対して「政治的中立」を要請（強制）することで、公民として必要な政治的教養を身に付けさせるような「政治教育」をさせないようにするという「政治的（党派的）な圧力・統制」を学校の教師や児童・生徒たちに向けてすすめていったことによるものだと思います。

北海道でも、かつてある高校の社会科（公民科）の授業で、ある新聞の社説の一部を補助教材として扱ったところ、ある政党の議員から教育委員会に対して「政治的中立」からいって問題（偏向）ではないかという指摘があり、教育委員会がその学校の授業についての調査をしたり、全道的な調査を実施するということがありました。このような「政治的中立」を名目にした、現場の社会科（公民科）の授業において「具体的な政治的事象」を取り扱おうとする教師の実践への政治的（党派的）な介入（弾圧）は、たびたび繰り返され、そのことが現場教師たちに積極的に授業の中で「具体的な政治的事象」を扱って主権者教育に取り組もうとする意欲をそいできたように思います。

5. 「現実の具体的な政治的事象」を取り扱うにしても「政治的中立」は はずさない？

2015年に総務省と文部科学省が作成し発行した副教材『私たちが拓く日本の未来』では、これまでの学校教育では、「政治の意義や制度に関する指導は、知識を暗記するような教育となっているのではないか」「現実の具体的政

治事象を取り扱うことに消極的ではないか」という指摘を踏まえて、「全ての教科等で生徒が有権者としての判断を適切に行うことができるよう、公民科はもとより、各教科、総合的な学習の時間などにおいて、話し合いや討論等を通じて生徒が自らの考えをまとめていくような学習を進めることが求められる」としています。その上で、「現実の具体的な政治的事象も取り扱い、具体的・実践的な活動を学校現場に取り入れること」を求めています。

　しかしながら、一方で「指導上の政治的中立の確保等に関する留意点」として、これに関する法令を抜粋・解説するとともに、「学校における指導に関するＱ＆Ａ」において、教員の行う教育活動における「政治的中立性」について詳しく解説しています。

　ここで、政治的に対立する見解がある現実の問題（現実の具体的な政治的事象）を授業中に指導する際の留意点として、このような現実の課題については、「種々な見解があり、一つの見解が絶対的に正しく、他のものは誤りであると断定することは困難である」として、「多様な見方や考え方のできる事柄、未確定な事柄を取り上げる場合には、生徒の考えや論議が深まるような様々な見解を提示することが重要である」としています。

　そして、その際「教員は中立かつ公正な立場で指導することが必要」であり、「特定の事柄を強調しすぎたり、一面的な見解を十分な配慮なく取り上げたりすることなど、特定の見方や偏った取り扱いとならないように指導することが必要である」としています。

　このように副教材『私たちが拓く日本の未来』では、学校における主権者教育をすすめていくために、これまで避けられてきた「現実の具体的な政治的事象」を学校の授業の中で扱うことを求めていながら、一方で「政治的中立性」をかかげて「政治的に対立する見解」を指導する時には、教員に対して「中立かつ公正な立場」で「多様な見方、様々な見解」を提示することが重要だとしています。

6.「両論併記」は本当に「中立」なのか？

　これまでの学校での社会科（公民科）での授業が、政治のしくみや知識のみ

を教えることに偏り、「現実の具体的な政治的事象」を取り扱うことに消極的であったり避けたりしてきたのは、そのような「事象」は多くの場合「政治的な争点」となっていたり、「意見が対立」していたりして、「政治的中立」という観点から扱うことが難しかったからだと思われます。

　もし、そのような「現実の具体的な政治的事象」を学校の授業で取り上げたとして、それについて争点となる対立した意見や立場の、いずれかを支持したり、そちらを正解であるとしたならば、それとは逆の意見や立場から「それは偏っている」という批判を受ける可能性があります。

　そのようなことから、文科省がすすめているのが「多面的・多角的」に「多様な見方・様々な見解」を提示すべきであるという、いわゆる「**両論併記**」による指導の仕方です。

　たとえば憲法改正については、憲法を変えずに守るべきだという「護憲論」と、憲法を変えるべきだという「改憲論」の両論を、原子力発電については、すべての原発を停止・廃炉にすべきだという「脱原発論」と、今後とも原発を稼働して活用すべきだという「原発推進論」という両論を、授業の中で一緒に取り上げるというものです。

　しかし、このように「現実の具体的な政治的事象」において争点となっていたり対立している意見や立場を、「両論併記」によって授業で取り扱うことは、本当に「中立かつ公平な立場」での指導であることになるのでしょうか。

　これが、たとえば日中戦争・太平洋戦争は「侵略戦争であった」という考え方と、「自衛戦争であった」という考え方の「両論」や、南京大虐殺は「歴史的事実である」という考え方と、「なかった」という考え方の「両論」を、授業で一緒に取り上げるとしたなら、これは本当に「中立かつ公平な立場」での指導であると言えるのでしょうか。

　ある意味で「両論併記」による指導は、すでに歴史的な事実として確定していることや、社会的に正当な意見として評価が定まっていることまで「相対化」してしまい、何が事実であるのか、正しいことであるのかまで判定しにくくさせてしまう可能性があるのではないでしょうか。

　また、授業の中で、このように「両論併記」で対立している意見や立場を取り扱うと、しばしば生徒たちから「先生はどちらの意見・立場なのですか？」

と聞かれることがあります。このような場合、多くの教師は、「先生は、どっちの意見・立場でもないんだよね」とか、「先生の意見や立場は授業では言えないだよね」と生徒たちに対して答えることがあると思います。

しかし、このような「両論併記」に対して教師が「どちらでもない」という態度を表明してしまうことは、政治的な争点となっていることや対立している意見や立場については、どちらが正しいのかということについて**思考停止**し、どちらを支持したらいいのかということについても**判断停止**をしているという教師の姿を、生徒たちに見せることになってしまうのではないでしょうか。

結局、授業の中で「現実の具体的な政治的事象」で争点となり対立している意見や立場を「両論併記」で取り扱ったとしても、それについて教師の側が「中立」というスタンスで、自らの判断にもとづく意見や立場を表明しなければ、生徒たちは、そのような争点や対立している意見や立場については、自らの意見については考えないという「思考停止」することや、いずれの立場も支持しないという「判断停止」することが、一番賢明なことであるということを教師の姿から「学んで」しまうのではないでしょうか。

7.「政治教育」とは、政治的思考力・判断力を身に付けさせること

教育基本法第1条にある「平和で民主的な国家及び社会の形成者」としての「主権者」を育成するためには、第14条における「良識ある公民として必要な政治的教養」を身に付けさせる「政治教育」を「しなければならない」という必要性はあきらかです。

その「政治教育」では、たんに政治についての知識にとどまらず、現実の具体的な政治的事象についての思考力・判断力を身に付け、政治についての自分なりの考えや意見を持って政治的な態度や行動を取ることができるような「政治的教養」を身に付けさせるものでなければなりません。

政治についての多様な考え方や政治的立場について広く学ぶことは必要ですが、最終的に選挙で投票したり、政治に参加するためには、自分なりの考えや意見を持って、なんらかの政治的の立場を決めて、自分自身の態度や行動を取

らなければならないのです。

　なんらかの政治的な自分の立場を決めるということは、その時の国の政治的状況のフィールドにおいて、自分の立つべき位置をしっかりと決めるということです。それは地球の上に立つということが、なんらかの緯度・経度のある地点に立つということと同じです。それはけっして「中立（ニュートラル）」の立場に立つということではありません。「中立」という立場に立つということは、どの地点にも立たないとか、北極点や南極点に立つということのように、それはありえないことなのです。

　したがって「政治的教養」を身に付けさせる「政治教育」とは、生徒たちに政治的な思考力・判断力を身に付けさせ、自分自身がどのような政治的な立場に立つのかを決めさせるための教育なのです。

　それは、自動車の運転でいえば、エンジンをかけてニュートラルからギアを入れ、車を前進させてハンドルの操作する仕方を教えて、自分が行きたいところに移動させるということなのです。そして、その車をどこに進めるのか、ハンドルを右に切るのか左に切るのかを決めるのか、どこの地点に移動するのかは、あくまでも生徒自身が決めることであるということを教えることなのです。

8.　政治的な思考力・判断力をどのように身に付けさせるのか

　では、生徒たちに政治的な思考力・判断力を身に付けさせ、彼ら自身に自らの政治的な考えや意見を持って政治的な立場を決めることができるようにするためには、どうすればいいのでしょうか。

　何度も繰り返し言っているように、それは決して政治的な知識や概念だけを覚えさせることではありません。そして、それは選挙の仕組みや投票の仕方だけを教えることでもありません。

　それは現実の具体的な政治的事象について、まずは大人であり市民である教師自身が、それについてどのように理解し考え、どのように主体的に関わっているのかという意識や態度を生徒たちに見せていくことではないでしょうか。

　自動車の運転の仕方を教える時に、自動車の構造や交通法規だけを教えるだ

けでは、運転することができるようにはなりません。まずは、運転の仕方の見本を見せて、その上で実際に運転させていくことが必要なのです。野球のバッティングの仕方を教える時に、ただ素振りの仕方だけを教えても、ホームランを打てるようにはなりません。まずはコーチが、実際に投手が投げた球を打つ姿を見せていかなければならないのです。

　主権者教育における「政治教育」では、まずは教師自身が、現実の具体的な政治的事象についての主体的な思考力・判断力による自らの見解を出すことの見本を見せて、ひとりの主権者としての意識や態度を見せることではないでしょうか。

　しかし、ここで問題となるのが「政治的中立性」によって教師自身の政治的な考えや意見を、授業の中で表明することができるのか？　ということだと思います。

　結論から言えば、それは「できる」ということになると思います。

　教師自身が、現実の政治の諸課題について、どのように理解し、自分自身で判断するためにどのように考えて意見を持っているのかを、根拠を持って主張し、説得する力を示すことで、教師自身の「政治的教養」を具体的な見本として見せることになるのではないでしょうか。

　ここで避けなければならないのは、「教師の個人的な主義主張」を、唯一の正解として生徒たちにこれを押し付けることだと思います。この点で参考になるのは、ドイツの政治教育の原則である「**ボイテルスバッハ・コンセンサス**」です。

　①教員は生徒の期待される見解を持って圧倒し、生徒自らの判断を獲得するのを妨げてはならない。

　②学問と政治の世界において論争があることは、授業の中でも論争があるものとして扱わなければならない。

　③生徒自らの関心・利害に基づいて効率的に政治に参加できるよう、必要な能力の獲得が促されなければならない。

　また、ドイツのベルリン州の学習指導要領においては、「教員は、個人的な見解として自らの意見を表明することができる。ただし、それが生徒を圧倒し、唯一の意見や理解として受け止められたり、ましてや成績評価の基準とな

ってはいけない」と規定されているそうです。

　このようにドイツの教育においては、教師が授業において自らの意見を表明することはできるとされていながらも、それによって生徒が自らの判断や意見を持つことを圧倒して妨げてはならず、それが唯一の正解として押し付けたり、評価の基準としてはならないのです。

　教師が自らの考えや意見を表明するのは、あくまでも生徒自らの関心・利害に基づいて政治に参加できるような能力を身に付けるためのものでなければならないのです。

9. 教師自身が「政治的教養」を身に付けることによる「政治教育」を

　バッティング・コーチが、選手たちにホームランを打たせようするには、まずコーチ自らのバッティングによってホームランを打つ姿を見せて、ホームランの打ち方を教えなければならないように、主権者教育によって生徒たちに主権者として必要な力を身に付けてもらうためには、まずは教師が行う「政治教育」によって、教師自身の「政治的教養」を見せていかなければならないのです。

　その「政治的教養」とは、いったいどのようなものであるのか、もう一度確認してみましょう。

　1947年の文部省の見解としては、「第一に民主政治、政党、憲法、地方自治等、現代民主主義の各種の制度についての知識、第二に現実の政治の理解力、及びこれに対する公正な批判力、第三に民主国家として必要な政治道徳及び政治的信念など」（『教育基本法の解説』文部省・教育法令研究会、1947年）とされています。

　また、2015年に発行された総務省・文部科学書作成の副教材『私たちが拓く日本の未来』では、「①政治の仕組みや原理を知り、政治が対象とする社会、経済、国際関係など様々な分野における現状及び課題を理解すること、②政治について自分で判断するため課題を多面的・多角的に考え、自分なりの考えを作っていく力、③各人の考えを調整し、合意形成するために根拠を持って自分の考えを主張し、説得する力」とされています。

　教育基本法第14条第1項では、「良識ある公民として必要な政治的教養は、教育上尊重されなければならない」と規定されており、第1条にある「平和で民主的な国家及び社会の形成者」を育成するためにも、学校教育において「政治的教養」を身に付けさせる「**政治教育**」の必要性はあきらかです。そのためには、まず教師自身が、ひとりの国民（市民）として、そして主権者として、しっかりとした「**政治的教養**」を身に付けていかなければならないのです。

　では、どうすれば教師自身が、そのような「政治的教養」を身に付けることができるのでしょうか。

　それは、**教師自身が主権者であることに気づき自覚すること**、**主権者として必要な力を身に付けること**、すなわち**教師自身が「主権者教育」によって「学んでいく」**ということではないでしょうか。

　教師が「政治教育」によって「主権者教育」に取り組むこと自体が、教師自身が主権者としての「政治的教養」を身に付けていくことであり、そのようにして教師自身が「主権者となる」姿を生徒たちに見せていくことが、生徒たちにとって最も効果的で教育的な「主権者教育」となるのだと思います。

参考文献

佐貫浩（2016）「高校生の政治学習と「教育の政治的中立性」」『18歳選挙権時代の主権者教育を創る』新日本出版社

新藤宗幸（2016）『「主権者教育」を問う』岩波書店

竹内俊子（2017）「「政治教育」と主権者教育——「18歳選挙権」の制度化を契機として」『修道法学』39巻2号

和田悠（2021）「主権者教育に批判的精神を問い返す——新自由主義と戦後民主主義との関わりで」『立教大学教育学科研究年報』64号

第15章
僕らの主権者教育をやろう
──憲法を判断基軸に行動する市民へ

山本　政俊

1. 道教委と道選管が進める「主権者教育」

　2005年、衆議院議員選挙の時でした。この時、私は生徒による「模擬」選挙を予定していました。ところが、9月1日付で新しく着任した校長の「地域や保護者にはいろいろな人がいる。誤解を招く怖れがある」との理由で、中止させられました。過去2度はなんのお咎めもなく実行できたことができなくなったのです。

　この「模擬」選挙は、事前に地元の新聞社の取材を受けることが約束されていたので、何ら理由も告げられず中止だけを聞かされ驚いた新聞社は、「O高校で模擬投票中止」と大きく報道しました。「模擬」選挙は中止させられたものの、この時、私は職員会議で「模擬」選挙は、子どもの権利条約の意見表明権を実現するひとつの形態であること、教育基本法が要請している政治的教養を高めることが必要なことであることを校長に認めさせました。そして、直接の被害者である生徒たちへの中止に至った判断と経過の説明と謝罪を求め、全校集会を開催させました。帰りのSHRで生徒たちに「話を聞いてどう思いましたか」と尋ねると、生徒たちからは「模擬選挙をやりたかった。いっぱい調べていたのに」「校長先生は僕らに謝っているとは思えなかった」という声が返ってきました。何も問題ではない授業を問題視され、以後私はこの時のことがトラウマになり、「模擬選挙」に臆病にならざるを得ませんでした。以下は、公示前の授業で生徒に配布した「模擬選挙実施要項」です。

　衆議院選挙が実施されます。これにともなって、選挙権がない皆さんを対象に「模擬」選挙に参加することを呼びかけます。

1．模擬選挙とは、実際の選挙日程にあわせて、実際の選挙の立候補者または、政党に対して投票を行うことです。

2．投票結果は実際の選挙結果が公表されたのちに、開票し、ふりかえりの資料とするが、外部に対して公表はしません。

3．ねらいは、実際の選挙と連動した模擬選挙を通じて、政治の仕組みについて必要な知識を習得すること（投票方法や、立候補者・政党などの選び方を学ぶこと）。政治に対する、関心を高め、それまで知らなかった社会的な問題に気づき、考えるきっかけとする。課題を多面的・多角的に考え、自分なりの考えを作っていくことです。

4．実施方法

・〇月〇日までを調査期間とします。調査対象は比例代表選挙に立候補した政党とします。

・最低4党以上をリサーチしてください。どんな政党で何をしようとする政党なのか。政策（マニフェスト・公約）を調査する（公示以後は、学校で私から選挙の政策の是非について話題にすることはありません。ご家庭の人と話し合うのはとてもいいことです）。

・調査方法は、政見放送、新聞記事、テレビやラジオのニュース報道、選挙管理委員会発行の選挙公報、インターネットで各政党にアクセス、各家庭に配布された各党のビラなどを参考にしてください。

・自分の関心に基づいて、いくつかの観点を決めて、それぞれの政党の政策の違いがわかるようにまとめて、政党・政策比較表を提出する（投票をしない場合も全員提出）。

・政党・政策比較表を提出し、模擬投票用紙を受け取り、選挙管理委員会から借用した投票箱に投票する。（比例代表のみ）投票は呼びかけるが、投票の強制はしません。

2. リアルな政治にふれさせよう

　2014年、今度は私の「憲法出前授業」が道教委によって弾圧されました。私が憲法で保障された学問の自由、思想の自由、言論表現の自由に基づいて、勤務時間外に一市民として誰に何を話そうが、自由であるはずです。ところが、これにクレームがついたのです。

　北海道新聞5月20日付に「A高校の山本教諭　教え子の護憲説く力に　全道で出前講座72回」という記事が掲載されました。私がびっくりするほどの大きな記事でした。

　それを見た道教委から学校に連絡があり、私は2点の聞き取り調査を受けることになりました。「勤務時間に行ったことはないか」「報酬を得たことはないか」と聞かれたのです。

　萎縮効果を狙ったいやがらせでした。

　この2つのケースで、私は北海道高等学校教職員組合に事実関係をお伝えし、相談し、対応しました。「憲法出前授業」の時は、道教委渉外窓口の教職員課との直接交渉を申し入れると拒否されたので、質問事項を送って面会での直接の回答を求めました。ですが、回答は電話で行われ、「今回の件に関しては、「報酬を得ていないか」「勤務時間に行っていないか」の2点の確認だけであって、それ以外の考えは何もない。内容うんぬんということもない。報酬を得ていなければ自由であり、全く問題はない」ということだったのです。

　公務員には「憲法尊重擁護義務」(日本国憲法第99条)がありますが、この事例を見る限り、道教委は、それを投げ捨て、憲法敵視、憲法を教えるなという立場に立ったと言わざるを得ません。

　そんな折、18歳選挙権にともない「主権者教育」の風が吹いてきました。平成27年度道教委は、道選管と提携して「選挙啓発出前講座」実施を強制してきました。その内容は、選挙制度について説明した後、架空の政党候補と現実とかけ離れた政策による模擬投票を行うものでした。具体的に言うと、選挙権年齢は「20歳の現状維持」「21歳にする」「18歳」「16歳から」を公約として掲げる政党のプレゼンを受け、生徒たちに投票させるというものです。そもそも18歳選挙権が実施と決まった中での、このようなテーマ設定では新鮮味に

欠けしらけてしまいます。政策は論争的なテーマにして、生徒の関心を促すべきものをと考える私は、先行実践校から、内容をお聞きし、主権者を育てるには不十分なので、実施は見送りました。

そもそも実際の選挙はいくつかの政策等から、自分の感覚で選ぶもの。誰かが特定の枠をはめ角度づけするものではありません。なのに、道選管内部文書では、「政治に関する教育をめぐっては、道教委が高校で模擬投票を行う際、集団的自衛権など生々しいテーマは避ける」などと求めていたことも判明しています。

「主権者教育」は何も模擬選挙に限りません。しかし、道教委は、このような「選挙ごっこ」をさせ、何も考えさせることなく、投票所に動員する教育をしようしたのでした。

「○○しなさい」「○○するのが望ましい」という上からの教え込みは、権力に従順な人間をつくります。自分の頭で考え、何が有用な価値なのかを探る姿勢が身に付いていないと、民主主義社会を前進させることを難しくします。自ら主体的に考えることを放棄させられた子どもたちは、権力に従うだけのロボットになるでしょう。上からの望ましい、為政者にとっての都合のいい支配は、立憲主義を絵空事にすることにつながるのでないかと危惧します。

3. 僕らの主権者教育をやろう

今、私たちの主権者教育が問われているのではないでしょうか。「雇用と労働問題」「学費と奨学金」「戦争と平和」「原発と放射能」など若者は、自分と引き寄せて考える力を持っています。それらの問題をどう解決するのか。要求と政策を練り上げて政治と結びつけていくところに主権者教育の本質があるのです。国家・社会の有為者をめざすのではなく、グローバル時代にふさわしい地球市民としての主権者を育てたいと思います。

憲法で定められた『知る権利』を駆使し、言論の自由や思想の自由（子どもの権利条約とその勧告的意見の要請があります）のもと、周囲の人々と対話し、参政権、請願権（「何人も」ですから子どもにも保障されています）につながる自己決定権を行使させないことは、政治的教養を高めるとする教育基本法からい

っても、問題だと言わざるをえません。

　そして、教師の政治活動・教育実践の自由なくして「主権者教育」の充実はありません。

　私が、主権者として権力からの不当な教育介入と闘った時、それを理解し、ともに闘ってくれた仲間の存在がありました。私たちが権力からの理不尽な事に遭遇したとき、それを跳ね返す力は憲法と、それを武器に抗う勢力の対抗にあります。

4.　自分たちの生活を自分たちで築く

　2015年10月29日、文部科学省が「高等学校等における政治的教養と高等学校等の生徒による政治的活動等について」を（通知）しました。「現代社会の諸課題について」「生徒の考えや議論が深まるよう様々な見解を提示」して「公正に判断する力」「協働的に解決する力、公共的な事柄に自ら参画しようとする意欲や態度を身に付けさせる」「生徒が有権者として、自らの判断で権利を行使することができるよう、より、一層具体的かつ実践的な指導を」「指導のねらいを明確にし、系統的・計画的な指導計画を立てて」「ホームルーム活動」「生徒会活動」「学校行事なども活用して適切な指導を行うこと」とあります。この通知の積極面を上手に利用して、実践にいかしたいものです。

　「民主主義って、なんだ！」「これだ！」ということを私は生徒たちから学びました。初めて高校の担任をした時の体育大会の時でした。朝から雨、グランド状態を見て、担当者は、「午前中この雨は続く予報が出ています。中止にしたいと思いますがいかがでしょうか」と朝の打ち合わせで提案しました。その時、前夜から降り続いていた雨を知っていた私たち教職員は誰ひとり反対はしませんでした。ＳＨＲで「今日の体育大会は中止になりました」と伝えると、その時です。Ａ君が「先生、それはいつどこで決まったのですか」と質問してきました。「今朝の職員会議だ」「どうして、先生方は僕たちの意見を聞かないのですか。僕たちにとっては、最後の体育大会なんですよ。体育委員会でどうするかを決めさせてほしい。みんなどう思う？」とクラスに投げかけたのです。クラスのほとんどの生徒が同意して、うなずいていました。そのうちＡ君

は、「校長先生に言えば考えなおしてもらえますか」と聞いてきました。「校長先生は、先生方の意見で最終的に判断したんだと思うよ」「じゃあ～今から職員室にいって、先生方に僕たちの気持ちを伝えます。みんな行こう」と言って、職員室前に生徒が押し寄せたのです。中には、同じ気持ちの人は職員室前に集まるようにと他学年・他クラスの教室回りをした生徒がいて、彼らは整然と廊下にすわりこんだのです。その結果、A君の要望を受けて、体育委員長と委員会担当の先生が話し合って、緊急職員会議が招集され、その後体育委員会が行われたのです。体育委員会の決めた結論は「11時まで教室で静かに待機し、自習にする（雨天中止の場合は1時間目から授業だった）。その時点で、もう一回実施判断する」というものでした。するとどうでしょう。だんだん晴れ間が広がってきて、一部ルールややりかたを変更しましたが、12時から体育大会は実施されたのでした。

　当時20代の青年教師だった私は、物事を決める際には、まず当事者の意見が尊重されなければならないということを生徒たちから教わりました。これは民主主義社会の基本です。「こんなこと言ったって、何も変わらない」と思う人もいると思います。でも言わなければ、行動しなければ、何も具体的に変わることはないのです。どんな小石も池に投げれば、必ず波紋がある。その大きさで、環境も世界も、歴史も変わるのです。いつも生徒たちに伝えてきたことです。

　教師は、仲間づくりの仕掛け人、学びの空間の確保と支援のプロデューサーです。高校教師だった私が、全力を傾注して育てようとしてきたのは、主体的人間を育成すること。自分で考え判断し、行動する真の主権者です。そのためには、まず、「生徒同士の交わり能力を伸ばす」ことです。自己表現と自己開示、その受容と共感、認知と異質との共存、協力と共同、学習における相互支援を指導するのです。高校におけるSHRは連絡・伝達の場だけではない。教室を自治と民主主義を学ぶ場として位置づけると、ゼロトレランスやスタンダードとは異なる違う世界が広がってきます。

　私のクラスでは、朝や帰りのSHRは日直が司会進行をつとめ、ニュースを発表し、連絡もすべて行う。配布物を配り、回収するのも日直の仕事。自分の手で消化できない時は、日直は周囲の友人たちに援助を求め、級友たちもサポ

ートをする。クラスはすべて自主運営で行われ、4月には掃除班を作り、役員決めをして、日常的には、座席替え、掲示、クリーナー清掃、防災点検　教室移動、教科のノート集めや宿題の提出、清掃活動などは彼らの手で行われます。担任の私が行ってきたのは、生徒の観察と把握だけです。いつも心がけていることは2つありました。一つは、生徒のやる気スイッチを探すこと。見つけたら押し続ける。スイッチが入ったら生徒たちは自分でやる力を持っています。もう一つは、生徒の声を聴くこと。生徒の声を聴くことは、日本国憲法、子どもの権利条約の要請なのです。学校のなかで、自分を出せる、それを受け止めてもらえる安心空間がなければ、主権者は育つことができません。

5. 憲法教育の充実こそ主権者教育

　私たち国民が安心して幸せな人生を送るためには「憲法を暮らしの中に生かす」政治が求められます。そのためには、私たちの生活の一つひとつが実は憲法と結びついているという感覚が、国民的常識になり、一人ひとりの国民が、私たちの生活は憲法の条文によって守られているという意識を持てる憲法教育が必須だと思います。このような問題意識から、日常生活の一コマが憲法のどの条文に該当するのかを考えさせました。この思考を通して、生徒たちは、憲法を自分の中に引き寄せていきました。

　生徒たちの感覚によると、「私」の存在は、第11条「基本的人権」、第13条「個人の尊重」です。「家族」は戦争になると家族を失い、バラバラにされるからと第9条「戦争の放棄」に該当させる。その感性に驚かされます。彼らの生活の重要な部分を占める「学校（生活）」には、第14条「法の下の平等」、第23条「学問の自由」、第26条「教育を受ける権利」を該当させます。思春期にとってかけがえのない存在である友だちには「いじめない」ということで第14条を適用しました。「遊び」は第13条です。第19条「思想良心の自由」は重要で、趣味、夢、ボランティア、心、考えること、ファッション、議論、音楽を聴き、好きな歌や嫌いな歌を決めること、本・雑誌を読むことがみんなこれに該当するというのです。この授業を通して、発達途上にある彼らの学校生活にとって、第21条「集会・表現の自由」「通信の秘密」は、最も大切な権利

であることも改めて痛感させられました。ライブ、コンサート、自己主張、卒業式、予餞会、国に対する意見文、服装、絵を描くこと、自由な発言、学校祭、メールをすること。権力が介入して、これらがなくなると、学校生活は窒息します。学校生活の中に憲法、子どもの権利条約を生かすことが本当に大事であると再確認できた授業でした。

　池田香代子訳（2002）『やさしいことばで日本国憲法』のように、憲法の条文を自分の言葉で訳すことも憲法を自分に引き寄せることにつながります。憲法を深く理解していればいるほど、憲法に血を通わすことができるのです。この本に倣い、高校生に小学生にわかることを意識して憲法の人権条項の条文を訳させました。生徒一人ひとりがお気に入りの条文を3つ選んで自分語訳を作ります。このことを通して、憲法は何を守り、誰がそれを守らねばならないのか。立憲主義の理解も確認できました。

　いくつか紹介します。第11条【基本的人権の享有】は、人は生まれながらにして自由で、君は好きなように生きていい。このことを憲法は守ってくれるんだ。第12条【自由・権利の保持の責任とその濫用の禁止】は、憲法が認めている自由や人権は、いつも努力して国に守らせないとだめだよ。それを忘れるとなくなっちゃうかもしれないから。それから自由や人権は、みんなが幸せになるためにあるのだから、自分勝手とは違うんだよ。第13条【個人の尊重】は、私たちは人として大事にされます。命、自由や幸せを求めることは、人様の迷惑になることをしない限り、法で守られていて国はこのためにできる限り努力をします。第19条【思想及び良心の自由】は、私たちは自分が思ったとおり、正しいと思った事をしていい。一人ひとりの考えは、他の人が強引に暴力を加えてその考えを変えさせたりしてはいけないんだ。第21条【集会・結社・表現の自由、通信の秘密】は、言いたいことがある人は、どこで集まってもいいし、どんな団体をつくってもいいし、本に書いてもいい。国は、それにケチをつけてはいけない。メールや電話のやりとりも同じだからね。

6. 権利の熱気球　これだけは捨てられない！

　NHK番組「プロフェショナル　仕事の流儀：人の中で人は育つ——中学教師　鹿嶋真弓」（2007年4月3日放送）の中で、構成的グループエンカウンターの研究実践者・鹿嶋真弓が「権利の熱気球」の授業に取り組む場面が紹介されています。人権はどれも捨てることができない大切な物ですが、それをあえて逆説的に捨てるというシミュレーションを通して、奪われてはならない人権の重要性に気づかせていく授業です。その授業をアレンジして次のように行っています。まず、一人ひとりに、「生まれながらに誰もが持っているものであり、捨てることはできない大切な人権ですが、もしどうしても捨ててもらいますと言われたら、どの権利から捨てますか、順番をつけてください」と指示します。生徒たちは、どれも簡単には捨てられないので、頭を抱えながら考えるのです。じっくり向き合う思考が形成されていきます。次にこれをグループワークで行い、グループの仲間と自分の意見を交流させます。「えっ？　マジ？」などと他者の価値感に気づいたり、対話をすることで合意形成を図るのです。様々な教育活動を通して、多様な立場を認め合いながら合意形成していくトレーニングは、これからの主権者教育に必須です。

1．男か女かの違いで、政治的、社会的、経済的に差別されない権利
2．私はどんな考えを持っていても自由だ。国から強制はされない権利
3．どんな宗教を信じようが、信じまいが自由である権利
4．どこで集まって何をしてもいい権利
5．私が誰と何をおしゃべりしようが自由という権利
6．私がどんな服装をしても髪型をしてもファッションは自由だという権利
7．社会や他人に迷惑をかけなければ、好きなところどこにでも住むことができる権利
8．社会の利益を損じることでなければ、どんな職業につこうが私の自由だという権利
9．結婚相手は自由に私が決めてよいという権利

> 10. 私の財産は私の好きにしていいという権利。社会のために制限される
>   場合は補償

　この授業は、人権主体としての個人が抑圧されることはあってはならないという気づきにもつながります。高校生の場合は「言論の自由」「表現の自由」「思想及び良心の自由」「職業選択の自由」など自己決定に関することを大事にしたいと考えていることが浮き彫りになりました。

7. 憲法を使う努力が大事

　私たちが、基本的人権とか民主主義とか国民主権とかを学ぶ場所は、学校や教科書だけではありません。日々の暮らしの中で、その権利を使うことにより憲法を自分のものにできる。血肉化させることができます。憲法は覚えるものではありません。何かで困った時には憲法にはどう書いてあるかなと見直せばいい。憲法はケータイと同じで便利な道具、ツールなのです。何か起こったときは、それは憲法のめがねでみるとどういうことなのか、ジャッジできることが主権者として大事なことなのです。政府は、ときに誤ることがあります。その時、過ちを正すのは私たち主権者の役割なのです。私たちは、国家という権力者が過ちを犯さないように監視する必要があります。そのブレーキ装置が憲法なのです。おかしいことをおかしいと意思表示することが民主主義社会を守ります。

　新型コロナで休業要請がありましたが、国は自粛を要請しても当初補償はしないという対応でした。ところが休業では生活できなくなると多くの人々が声をあげました。その結果、何らかの手当をしようとなった。財産権や生存権の保障です。憲法はそのように生きているし、生かしていくものなのです。

8. 憲法を軸に読み解き、声を出す社会科・主権者教育を

　政治って何だろう？　教科書では、「社会の中には多様な意見や利害が存在する以上、公平・公正な調整が不可欠である。多様な人々の協働によって、意

見や利害を調整することで、社会に必要な政策を決定し、安定した秩序を作る活動やしくみ一般が政治である」(『詳述公共』実教出版)と説明しています。しかし、これだけの説明では、「意見や利害を調整する」のが、自分とは異なるどこか遠い誰かであり、政治を自分事として、身近なものとしてとらえることができません。高校生に「政治」についてのイメージを聞くと「難しい」「何やっているのかわからない」「勝手に決めている」このような意見はいつも出されます。

政治とは、自分の願いや要求を多くの人と力を合わせて実現することです。そして、政治とは税金の集め方、使い方を私が決めること。このことがまず、教えられねばなりません。政治家が何を言っているかではなく、税金を何に使っているか、使おうとしているのか。だから予算や財政について知ることも重要な主権者教育なのです。

「政治とは税金の集め方と使い方を決めることである」。それを決めるのが選挙で選ばれた議員の仕事です。今、税収を増やさなければならないとしましょう。そのための方法は今ある税金の税率を上げる。あるいは新しく課税する税を設けるなど方法はひとつではありません。つまり、政治の答えは一つじゃない。民主主義、国民主権を行使できる社会にあって、どうしたら国民にとってより良い世の中になるか、選挙は社会に参画し、自分の意見を実現するよい機会だと教えなくてはならないのです。そのために、学校には真の「主権者教育」が要請されています。社会や世界にはどのような課題があるかを把握し、課題に取り組み、ああでもない、こうでもないと議論し探究することに意味がある。意見の異なる人と議論し、より良い解決策を一緒に探し出そうとする態度を養うこと。だれかが何かをしてくれるという発想はやめて、自分たちがどうにかしなきゃいけないと気づいてもらうこと。それがめざす主権者意識です。

民主主義社会では、一人ひとりが主役ですが、自分の意見が通らないこともあります。多くの意見を調整するので、決めるには時間もかかります。ですが、スピーディに議論もせず決まるより、熟議で決められない政治は悪いことではありません。選挙という投票の機会は、自分の意見を示すこと。自分と同じ意見の人が多ければ、政治を動かす原動力となります。代表として政治をす

る側からすると、有権者が何を考えているかを知る機会です。だから、必ずしも当選に結びつかなくても無駄な投票はありません。

　政治に関心をもち、政治に働きかけていくことが、自分たちの生活や将来をよい方向に向かわせる。この自覚を持てるかどうかが、主権者教育の成否を分けます。そのためには、まず授業の中で、生徒たちの生活要求を掘り起こすことです。今の生活を見つめさせ、未来はこうなってほしいと願いを出させるのです。

　そうすると「消費税をあげないで」「大学の学費高過ぎ。下げてほしい」「返さなくていい奨学金制度を作って欲しい」「ちゃんとした就職できるか心配」「平和が続いてほしい」などと生活要求が出されます。このように、自分の身の回りや地域の課題を題材にしながら、「すべては政治につながっている」こと、気候変動など「地球規模で解決を目指さなければならない問題がある」ことを自覚し、それをどう解決していくか考え行動していく主権者教育を、今こそ始めましょう。

主権者教育を始めるためのブックガイド

荒井文昭他（2023）『世界に学ぶ主権者教育の最前線——生徒参加が拓く民主主義の学び』学事出版

クリック、バーナード（2011）『シティズンシップ教育論』法政大学出版局

小玉重夫（2003）『シティズンシップの教育思想』白澤社

小玉重夫（2016）『教育政治学を拓く——18歳選挙権の時代を見すえて』勁草書房

近藤孝弘（2005）『ドイツの政治教育——成熟した民主社会への課題』岩波書店

坂井俊樹他（2017）『18歳までに育てたい力——社会科で育む「政治的教養」』学文社

佐藤隆之（2018）『市民を育てる学校——アメリカ進歩社会教育の実験』勁草書房

佐貫浩監修・教育科学研究会編（2016）『18歳選挙権時代の主権者教育を創る』新日本出版社

新藤宗幸（2016）『「主権者教育」を問う』岩波書店

杉浦真理（2013）『シティズンシップ教育のすすめ』法律文化社

全国民主主義教育研究会編（2014）『主権者教育のすすめ——未来をひらく社会科の授業』同時代社

全国民主主義教育研究会編（2023）『社会とつながる探究学習』明石書店

高元厚憲（2004）『高校生と政治教育』同成社

原田亜紀子（2022）『デンマークのシティズンシップ教育』慶應義塾大学出版会

ビースタ、ガート（2014）『民主主義を学習する』勁草書房

ビースタ、ガート（2016）『よい教育とはなにか』白澤社

藤井剛・大畑方人（2020）『ライブ！　主権者教育から公共へ』山川出版社

宮下与兵衛（2016）『高校生の参加と共同による主権者教育』かもがわ出版

結城忠（2023）『青少年の政治参加——民主主義を強化するために』信山社

渡部竜也（2019）『主権者教育論——学校カリキュラム・学力・教師』春風社

おわりに

　10年ほど前から文科省や自民党が、突然のように「主権者教育を！」と言い始めた時、学校現場で「主権者教育」に取り組んできていた私たちは、これまで「主権者教育」の実践に圧力をかけてきた側がいまさら何を言っているのか？　と思いました。

　しかし、「主権者教育」を進めること自体は良いことですので、そのような文科省の新たな動きは、むしろ歓迎すべきものであると思いました。ところが、実際に学校現場に対して進められた「主権者教育」は、選挙の仕組みや投票の仕方を教えるというような「選挙教育・有権者教育」だったのでした。

　その頃から、戦後日本の教育の中で学校現場の教師たちが取り組んできた「主権者教育」と、その流れを継承しながら私たちが実践してきた「主権者教育」について、しっかりとまとめた一冊の本をつくりたいと考えていました。

　当初は、私自身の単著として、過去の実践記録や新たな論考をまとめる予定でしたが、ひょんなことから私自身が現実の政治や選挙に直接関わるような動きに巻き込まれてしまい、その作業は中断を余儀なくされました。

　私自身が、実際にリアルな政治や選挙の直接的な動きに関わった時に、役に立ち活かすことができたのは、教師として「主権者教育」の実践に取り組んできた経験でした。そして、改めて日本の政治と選挙のあり方を変えていくためには、学校現場における「主権者教育」が、いかに重要であるのかということを再認識したのでした。

　そんな時に、長年北海道の高校の社会科教師として「主権者教育」の授業実践に取り組んできた山本政俊先生の「僕らの主権者教育をやろう」という論考を読みました。

　そのタイトルを見た時に、いま上から下へと降ろされ、やらされようとしている「やつらの主権者教育」ではなく、私たち教師がこれまで学校現場で取り組んできた「僕らの主権者教育」を、いまこそ始めなければならないのではないかと思いました。

194

　昨年の夏に、現在は職場の同僚となった山本政俊先生と、同じく長年北海道の高校の社会科教師として「主権者教育」の授業実践に取り組んできた池田考司先生とに声をかけて、一緒に『僕らの主権者教育をやろう』という本をつくるというプランを考えました。

　私と山本先生・池田先生は、北海道の高校社会科教師として同時代を生き、互いに影響を受け合いながら「主権者教育」の授業実践に取り組んできた同志であり、様々な干渉や圧力と闘ってきた戦友でもあります。その個性はそれぞれ違いますが、実践や主張にはどうしても似たような傾向がみられます。

　そこで、3名以外の「主権者教育」に取り組まれている教師や研究者の方々6名にもお手伝いしてもらい、論考や実践記録を書いていただきました。

　皆さん大変お忙しい中、たいした打ち合わせもできないまま、短い期間での原稿依頼をお引き受けいただいた上に、ぶしつけな書き直しのお願いまで受け入れていただき、大変感謝しております。

　おかげでさまで、私たちが考えていた「主権者教育」にふさわしい論考や実践記録が揃ったのではないかと思います。

　この本に書かれている「僕らの主権者教育」は、戦後日本の教師たちが取り組んできた「主権者教育」の実践を、私たちが受け止め継承し発展させてきた「主権者教育」です。

　これから「主権者教育」に取り組もうとする皆さんには、それらを批判的に検証してもらい、新しい時代の新しい「主権者教育」を創造し、始めてもらいたいという思いから、本のタイトルは最終的に『主権者教育を始めよう』としました。

　この本が多くの皆さんに読まれ、そこから新しい「主権者教育」が始まることを期待しています。

　最後に、出版状況の厳しい中、昨年、一昨年に続いて私が関わる本を出版していただいた明石書店と編集部の神野さんには大変感謝しております。また、毎回私の本に素晴らしいカバー・本文のイラストを描いてくれるやなぎさん、ありがとうございました。

2024年3月1日

編著者を代表して　川原茂雄

〈執筆者紹介〉（所属肩書は2024年3月の時点、＊は編集担当）

＊川原茂雄（札幌学院大学教授）	第1章・第7章・第14章
＊山本政俊（札幌学院大学教授）	第3章・第6章・第15章
＊池田考司（北海道教育大学講師）	第2章・第8章・第13章
平井敦子（札幌市内中学校教諭／北海道大学非常勤講師）	第4章
星瑞希（北海道教育大学講師）	第5章
伊藤航（北海道札幌北高校教諭）	第9章
山﨑辰也（北海道津別高校教頭）	第10章
米家直子（北海道池田高校教諭）	第11章
滝口正樹（大東文化大学非常勤講師）	第12章

〈編著者紹介〉

川原茂雄（かわはら・しげお）
札幌学院大学人文学部人間科学科教授（教育学）。
1980年から35年間、北海道内の公立高校に勤務し、社会科（公民科）を教える。2016年から大学の教職課程で教師をめざす学生たちの指導にあたる。
著書に、『高校教師かわはら先生の原発出前授業①②③』（2012年）、『かわはら先生の憲法出前授業』（2016年）、『かわはら先生の教師入門』（2022年）、『子どもの権利条約と生徒指導』（2023年）以上、明石書店、『原発と教育』（2014年）、『ブラック生徒指導』（2020年）以上、海象社。

山本政俊（やまもと・まさとし）
札幌学院大学人文学部人間科学科教授（社会科教育）。
1980年から37年間、北海道立特別支援学校、高校に勤務し、社会科（地歴・公民科）を教える。2018年から大学の教職課程で社会科・地歴公民科の教師をめざす学生たちの指導にあたる。
共著書に、池田考司・杉浦真理編著『感染症を学校でどう教えるか』（明石書店、2020年）、杉浦真理・菅澤康雄・齋藤一久編『未来の市民を育む公共の授業』（大月書店、2020年）、歴史教育者協議会編『明日の授業に使える中学校社会科公民（第2版）』（大月書店、2022年）など。

池田考司（いけだ・こうじ）
北海道教育大学講師（社会科教育研究室）。
日本臨床教育学会副会長・理事、教育科学研究会副委員長。
著書・論文に『感染症を学校でどう教えるか』（編著、明石書店、2020年）、『みんなでつくろう！SDGs授業プラン』（編著、旬報社、2022年）、「情報・消費社会の子ども・若者」（『教育』2012年9月号）、「高校の多様化推進とオンライン化」（『教育』2021年1月号）、「社会認識をどう深めていくか──教科研「社会認識と教育」部会のあゆみ」（『教育』2022年5月号）など。

主権者教育を始めよう
これからの社会科・公民科・探究の授業づくり

2024年4月15日　初版第1刷発行	編著者	川 原 茂 雄
		山 本 政 俊
		池 田 考 司
	発行者	大 江 道 雅
	発行所	株式会社 明石書店

〒101-0021　東京都千代田区外神田 6-9-5
電　話　03 (5818) 1171
ＦＡＸ　03 (5818) 1174
振　替　00100-7-24505
https://www.akashi.co.jp/

カバー・本文イラスト　　柳幸恵理子
組版　朝日メディアインターナショナル株式会社
装丁　　　　　　明石書店デザイン室
印刷　　　　株式会社文化カラー印刷
製本　　　　協栄製本株式会社

（定価はカバーに表示してあります）　　　　ISBN978-4-7503-5745-4

高校教師かわはら先生の
原発出前授業

【全3巻】

川原茂雄　◎ A5判／並製　◎各定価1200円

北海道の現役高校教師かわはら先生がどこへでも出かけていく「原発出前授業」が全3巻の書籍となりました。2011年の東日本大震災以降行われている出前授業は、マスコミでもとりあげられ大評判です。難しい原発・放射能の話も、高校生相手に磨いた話術と図解で、誰にでもわかるように語りかけます。原発の問題に関心のある広範囲な読者層に向けて、また学校現場で使える、格好の入門シリーズです。

《 **各巻の主な内容** 》

1 104頁 大事なお話——よくわかる原発と放射能

第1部　原発のお話
原子力発電所は巨大な「湯沸かし器」／原発を止めるためには「電気」が必要

第2部　放射能のお話
「原子」は「レゴ・ブロック」／放射線は「ピストルの弾丸」
Q＆A：放射能についてのキホン的なギモン　ほか

2 116頁 本当のお話——隠されていた原発の真実

第1部　想定されていた「想定外」
第2部　こうやって日本に原発がつくられていった
第3部　隠されていた原発の情報と真実
第4部　だまされない市民になるために　ほか

3 112頁 これからのお話——核のゴミとエネルギーの未来

第1部　核のゴミのゆくえ
「震災がれき」はどこへ行く？／使用済み核燃料はリサイクルできる？／核のゴミはどこへ？

第2部　エネルギーのゆくえ
原発は全部止まっても大丈夫！／原発が止まった後の世界へ／自然エネルギーの可能性　ほか

〈価格は本体価格です〉

かわはら先生の憲法出前授業
よくわかる改憲問題

高校生と語りあう日本の未来

川原茂雄 著

■ A 5 判／並製／128頁 ◎1400円

参議院でも改憲勢力が2／3を占める一方で、18歳選挙権が実現する中、社会科の教師として35年以上にわたって日本国憲法についての授業を高校生に向けて行ってきた著者が、前著〈原発出前授業〉シリーズに続き、今回は憲法・改憲問題をわかりやすく説く。

感染症を学校でどう教えるか
コロナ禍の学びを育む社会科授業プラン
池田考司、杉浦真理編著
◎1300円

社会とつながる探究学習
生徒とともに考える22のテーマ
全国民主主義教育研究会編著
◎2000円

授業づくりで子どもが伸びる、教師が育つ、学校が変わる
「授業づくり・学校づくりセミナー」における「協同的学びの実践」
石井順治編著　小畑公志郎、佐藤雅彰著
◎2000円

18歳成人社会ハンドブック
制度改革と教育の課題
田中治彦編著
◎2500円

子どもの読みがつくる文学の授業
コロナ禍をこえる「学び合う学び」
石井順治著
◎1800円

アートの教育学
革新型社会を拓く学びの技
OECD教育研究革新センター編著
篠原康正、篠原真子、袰岩晶訳
◎3700円

日本のオンライン教育最前線
アフターコロナの学びを考える
石戸奈々子編著
◎1800円

「国際セクシュアリティ教育ガイダンス」活用ガイド
包括的性教育を教育・福祉・医療・保健の現場で実践するために
浅井春夫、谷村久美子、村末勇介、渡邉安衣子編著
◎2600円

〈価格は本体価格です〉

子どもの権利条約と生徒指導

川原茂雄 著

■A5判／並製／240頁 ◎2100円

高校教師を35年半務める傍ら「原発出前授業」でも話題となり、現在は大学の教職課程で教鞭をとる著者による、生徒指導論。文科省の改訂「生徒指導提要」にも明記された「子どもの権利条約」の理念と内容を実現する「生徒指導」の在り方、実現への道を説く。

かわはら先生の教師入門

「教師ブラック時代」を生き抜くために

川原茂雄 著

■A5判／並製／208頁 ◎2000円

高校教師を35年半務める傍ら「原発出前授業」でも話題となり、現在は大学の教職課程で教鞭をとる著者が、過酷で「ブラック」な労働が問題となる教師の働き方・生き方について語り明かす、教師になる人、現役教師、教育に関心をもつ人のためのガイドブック。

〈価格は本体価格です〉